일본어 독해력 완성 프로그램
다락원 일한 대역문고

중급 3

일본 중학교 교과서선(上)

日本の中学校の教科書選(上)

俵万智・竹内好・井上ひさし・宮沢賢治 著 | 최재철・조주희 訳註

다락원

머리말

『다락원 일한 대역문고』 중급 시리즈는 일본어 중급 학습자들이 일본어 명문들을 즐겁고 효과적으로 읽으며 고급 수준으로 독해력을 발전시키는 것을 목표로 만들었습니다.
일본어 기초가 완성된 중급 단계의 학습자가 일본어 실력을 향상시키기 위해서는 수준에 맞는 좋은 문장을 많이 접하여 어휘의 자연스럽고 정확한 쓰임을 익히는 것이 중요합니다. 너무 쉽거나 어려운 글을 읽으면 자칫 일본어 학습에 흥미를 잃어버리게 될 수도 있기 때문입니다.
현행 일본 초등학교와 중학교 국어교과서에 실린 명문을 비롯하여 일본 현대소설과 우리에게 익숙한 외국 소설의 일본어 번역 등 다양한 장르의 이야기들은 자연스럽게 일본어 문장의 깊은 맛을 익히는 데 좋은 길잡이가 되어 줄 것입니다.

『다락원 일한 대역문고』 시리즈는 사전 없이 편리하게 학습할 수 있도록, 어휘 풀이는 물론 주요 문형에 대한 자세한 해설과 예문을 함께 실었습니다. 본문의 대역은 어휘의 정확한 뜻 전달을 위해 의역보다는 직역에 가깝도록 했고, 원어민의 정확한 발음으로 녹음된 오디오로 듣기 능력 향상까지 함께 기대할 수 있습니다. 『다락원 일한 대역문고』 시리즈로 일본어를 읽고 듣는 재미를 느껴보시기 바랍니다.
여러분의 일본어 학습에 도움이 되기를 바랍니다.

다락원 일한 대역문고 연구회

『다락원 일한 대역문고』 이렇게 보세요

わたしの家には「忙月」が一人いるだけである。(わたしの郷里では、雇い人は三種類ある。年間通して決まった家で働くのが「長年」、日決めで働くのが「短工」、自分でも耕作するかたわら[7]、年末や節季や年貢集めのときなどに、決まった家へ来て働くのが「忙月」と呼ばれた。) 一人では手が足りぬので、彼は自分の息子の閏土に祭器の番をさせたいが、とわたしの父に申し出た。

父はそれを許した。わたしもうれしかった。というのは、かねて閏土という名は耳にしていたし、同じ年ごろなこと、また閏月の生まれで、五行*の土が欠けているので父親が閏土と名付けたことも承知していたから。彼はわなを掛けて小鳥を捕るのがうまかった。

우리 집에는 '망유에'가 한 명 있을 뿐이다. (우리 고향에서는 고용인은 세 종류 있다. 일년 내내 정해진 집에서 일하는 것이 '창녠', 날짜를 정해서 일하는 것이 '토앙쭝', 스스로도 경작하는 한편 연말이나 결산기나 연공을 모을 때 같은 때에 정해진 집에 와서 일하는 것을 '망유에'라 불렀다.) 혼자서는 일손이 부족하므로 그는 자기 아들인 룬토에게 제기 망을 보게 하고 싶은데, 라고 우리 아버지에게 말했다.

아버지는 그걸 허락했다. 나도 기뻤다. 왜냐하면 전부터 룬토라는 이름은 듣고 있었고, 비슷한 나이라는 것, 또 윤달생으로 오행에서 '흙 토'가 빠져 있어 그의 아버지가 룬토라고 이름 지은 것도 알고 있었기 때문에. 그는 덫을 치고 작은 새를 잡는 게 능숙했다.

7 ～かたわら ～하는 한편

어떤 한 가지 일을 하면서, 그와 병행하여 다른 일도 하고 있다는 뜻으로, 두 동작이 행해지는 시간대가 다르다는 점에서 ながら와 차이가 있다.

中村さんは、仕事のかたわら夜間を利用して、大学に通っている。
나카무라 씨는 일을 하는 한편 야간을 이용하여 대학에 다니고 있다.

* 五行

오행. 중국 고대의 세계관에서, 만물을 구성하고 지배한다는 다섯 원소(元素). 목·화·토·금·수를 총칭하는 말.

32

33

어휘 설명

자세한 해설과 함께, 히라가나로 실린 단어 중 한자를 알아두면 좋은 어휘에는 한자 표기를 병기했습니다.
사진 자료는 어휘 해설에 대한 빠르고 정확한 이해를 도와줍니다.

문형 해설

주요 문형의 뜻풀이와 접속을 예문과 함께 알기 쉽게 정리했습니다.

보충 해설

내용 이해와 문법적인 접속 이해를 도와줍니다.

일러두기

일본어의 한국어 표기는 다음과 같습니다.
장음은 단음으로 표기했습니다. 예 大阪 — 오사카
발음 표기는 로마자 표기의 발음에 따랐습니다. 예 つかう (tsukau) — 츠카우
촉음은 'ㅅ'으로 표기했습니다.

문형 접속 해설에 쓰인 활용형의 설명은 다음과 같습니다.
ます형(연용형) — ます가 붙기 이전의 형태
ない형(부정형) — ない가 붙기 이전의 형태
て형 · た형(과거형) — 각각 て · た가 붙은 형태
な형용사な · 명사の — な형용사의 어간에 な가 붙은 형태, 명사에 の가 붙은 형태
동사 · い형용사 · な형용사의 기본형 — 동사 · い형용사는 사전에 실려 있는 형태, な형용사는 어간에 だ가 붙은 형태
보통형 — 기본형, 부정형, 과거형, 과거부정형

MP3 파일

원어민 성우의 정확한 내레이션으로 듣는 즐거움도 쌓으세요.

목차

일본중학교 교과서선(上)

日本の中学校の教科書選(上)

わたしの好きな春の言葉

俵 万智

日本語には、天候にかかわる[1]言葉が多い。四季の移り変わりがはっきりしていて、空や雨や風の表情が豊かだから、というのがその理由だろう。

- □ **言葉** 말, 언어
- □ **天候** 기후
- □ **移り変わり** 변천, 변이
- □ **はっきり** 확실히, 분명히
- □ **豊かだ** 풍부하다, 풍족하다

내가 좋아하는 봄의 말

타와라 마치

일본어에는 기후에 관련된 말이 많다. 사계절의 변화가 확실하여 하늘과 비와 바람의 표정이 풍부하기 때문이라는 것이 그 이유일 것이다.

---

1 **～にかかわる ～에 관련되다, ～와 관계되다** [명사＋にかかわる]

'～에 영향을 미치다, 관계하다'라는 뜻을 나타낸다.

著作権(ちょさくけん)は、知的財産(ちてきざいさん)にかかわる問題である。
저작권은 지적 재산에 관련되는 문제이다.

が、逆に、豊かな日本語によって[2]、わたしたちは自然のさまざまな表情を教えられることも多い。そんなふうに名づけられていなかったら、ただの空であり、ただの雨であり、ただの風としか感じられなかっただろうなあ、と思うことがよくある。言葉によって日本人は、自然の豊かさを、さらに美しいものにしてきたようだ。

たとえば、「花曇り」という言葉がある。桜が咲くころの、曇りがちの天気を表している。確かにそのころというのは、すっきりしない曇天が多い。

- □ **逆に** 거꾸로, 반대로
- □ **さまざま** 여러 가지
- □ **～ふうに** ~식으로, ~방식으로
- □ **名づけられる** 이름 붙여지다 〈名づける의 수동형〉
- □ **～たら** ~(하)면, ~(하)면
- □ **ただ** 보통, 예사
- □ **～であり** ~이며 〈～である의 중지법〉
- □ **感じられる** 느낄 수 있다 〈感じる의 가능형〉
- □ **～なあ** 〈문장 끝에 붙어 가벼운 영탄을 나타냄〉 ~나, ~구나
- □ **豊かさ** 풍부함
- □ **さらに** 한층, 더욱
- □ **～てくる** 조금씩 진행되어 차차 그런 상태로 되다, ~해 오다, ~해지다
- □ **～ようだ** ~인 것 같다, ~한 것 같다 〈주관적인 추측・추량을 나타냄〉
- □ **たとえば** 예를 들면, 예컨대
- □ **花曇り** 벚꽃이 필 무렵에 하늘이 엷게 흐림, 또는 그런 날씨
- □ **咲く** (꽃이) 피다
- □ **曇りがち** 주로 흐린 날씨, 흐려지기 쉬움, 흐리는 일이 많음
- □ **表す** 표현하다, 나타내다
- □ **確かに** 확실히, 분명히
- □ **すっきりしない** 상쾌하지 않다, 말끔하지 않다
- □ **曇天** 흐린 날씨, 흐린 하늘

하지만 거꾸로 풍부한 일본어로 인해 우리들은 자연의 다양한 표정을 배우는 일도 많다. 그런 식으로 이름 붙여지지 않았더라면, 여느 하늘이고, 보통의 비이며 평범한 바람으로밖에 느끼지 못했을 텐데, 하고 자주 생각한다. 말에 의해서 일본인은 자연의 풍요로움을 한층 더 아름다운 것으로 만들어 온 것 같다.

예를 들면 '화담(花曇)'이라는 말이 있다. 벚꽃이 필 무렵의 흐린 날씨를 표현하고 있다. 분명 그 무렵은 개운치 않은 흐린 날이 많다.

---

2 ~によって ~로 인해 , ~에 의해 [명사+によって]

수단, 방법, 원인, 이유, 근거를 나타낸다.

風車(ふうしゃ)は自然の風によって回(まわ)ります。 풍차는 자연의 바람에 의해 돕니다.

「せっかく花が咲いて、暖(あたた)かくなってきたっていうのに、あーあ、なんだか憂(ゆう)うつな色(いろ)の空だなあ。」

青空(あおぞら)が大(だい)好(す)きなわたしは、春(はる)になると何回(なんかい)となく、曇(くも)り空(ぞら)をうらめしく思う。が、あるとき、そういう空を「花曇り」というのだ、ということを知(し)った。

「花曇り……なんて優(やさ)しい響(ひび)きの言葉だろう。」

そう思って空を見(み)上(あ)げると、一面(いちめん)に広(ひろ)がる雲(くも)も、なかなか風情(ふぜい)のあるものに見(み)えてくる。われながら、おかしいくらいの変(か)わりようだ。まるでそれらの雲は、強(つよ)すぎる日(ひ)ざしから、桜の花(はな)びらを守(まも)ってくれているようにさえ[3]感じられる。あるときには、雲そのものが、空に敷(し)きつめられたふかふかの花びらのようにも見えた。

- □ せっかく 모처럼
- □ ～って ~(이)라고 ＝～と
- □ なんだか 왠지, 어쩐지
- □ 憂うつ 우울
- □ 何回となく 몇 번이고
- □ 曇り空 흐린 하늘
- □ うらめしい 원망스럽다, 한스럽다
- □ なんて 이 얼마나, 어쩌면 그렇게 〈영탄을 나타냄〉
- □ 響き 여운, 울림, 음감
- □ 見上げる 올려다보다
- □ 一面 전체, 온통
- □ 広がる 펼쳐지다, 퍼지다
- □ 風情 풍정, 운치, 정서
- □ われながら 내가 생각해도
- □ まるで 마치, 꼭
- □ 変わりよう 변화하는 모습 〈동사 ます형+よう ~모습, ~방법〉
- □ 日ざし 햇살, 볕
- □ 花びら 꽃잎
- □ 守る 지키다
- □ そのもの 그 자체
- □ 敷きつめられる (전면에 빈틈없이) 빼곡히 깔리다
- □ ふかふか 폭신폭신
- □ ～のようだ (명사에 붙어 비유를 나타냄) ~처럼, ~같이

'모처럼 꽃이 피고 따뜻해졌는데, 아아, 왠지 우울한 색깔의 하늘이구나.'

파란 하늘을 아주 좋아하는 나는 봄이 되면 몇 번이고 흐린 하늘을 원망스럽게 생각한다. 하지만 언젠가, 그런 하늘을 '화담'이라고 한다는 것을 알았다.

'화담……이 얼마나 우아한 울림이 담긴 말인가!'

그렇게 생각하며 하늘을 올려다보니 하늘 전체로 퍼지는 구름도 꽤 운치 있는 것으로 보여진다. 내가 생각해도 이상할 정도로 바뀌어가는 모습이다. 마치 그 구름들은 너무 강한 햇살로부터 벚꽃 잎을 지켜 주고 있는 것처럼도 여겨진다. 어느 때에는 구름 그 자체가 하늘에 빼곡히 깔린 푹신푹신한 꽃잎처럼도 보였다.

3 ～さえ ～까지도, ～조차, ～마저 [명사+さえ]

극단적인 사항을 예로 들어 다른 일반적인 것을 짐작하게 하는 표현으로, 명사에 붙을 때에는 ～でさえ 형태를 취하기도 한다.

彼はあまりにもケチなので、声をかけてくれる友だちさえいなくなりました。
그는 너무나도 인색해서 말 걸어 주는 친구조차 없어졌습니다.

「花曇り」という言葉は、憂うつな空の色をそんなふうに変えてしまう魔法(まほう)だった。

「菜種梅雨(なたねづゆ)」もまた、わたしの大好きな言葉の一つ(ひと)だ。菜(な)の花(はな)の咲くころに、しとしとと降(ふ)る雨。夏前(なつまえ)の本格的(ほんかくてき)な梅雨(つゆ)ほどではない[4]けれど、確かに雨が続(つづ)くことがある。

もちろん雨よりも晴(は)れのほうが好きなわたしは、このころの長雨(ながあめ)を快(こころよ)く思っていなかった。が、「花曇り」と同じように、「菜種梅雨」という言葉を知ってからは、それほど嫌(いや)ではなくなった。

- □ 変える 바꾸다 〈変わる 변하다, 바뀌다〉
- □ ~てしまう ~해 버리다, ~하고 말다
- □ 魔法 마술, 마법
- □ 菜種梅雨 3월 하순에서 4월에 걸쳐 유채꽃이 필 무렵의 봄 장마
- □ 菜の花 유채꽃
- □ 梅雨 장마, 장마철
- □ しとしと(と) 비가 조용히 내리는 모양, 촉촉이, 부슬부슬
- □ 本格的 본격적 〈本格的な研究 본격적인 연구〉

- □ 続く 계속되다, 이어지다
- □ ~よりも ~보다도
- □ 晴れ ~맑음, 날씨가 갬
- □ ~ほう ~쪽
- □ 長雨 장마
- □ 快い 달갑다, 기분 좋다
- □ ~てから ~(하)고 나서

'화담'이라는 말은 우울한 하늘빛을 그런 식으로 바꾸어 버리는 마술이었다.

'유채꽃장마(菜種梅雨)'도 또한 내가 아주 좋아하는 말 중의 하나이다. 유채꽃이 필 무렵에 부슬부슬 내리는 비. 여름 전의 본격적인 장마만큼은 아니지만, 확실히 비가 계속되는 일이 있다.

물론 비보다도 갠 날씨 쪽을 좋아하는 나는, 이 무렵의 장마를 달갑게 생각하고 있지 않았다. 하지만, '화담'과 마찬가지로 '유채꽃장마'라는 말을 알고부터는 그다지 싫지는 않아졌다.

4 ～ほどではない ～(할) 정도는 아니다

[동사 · い형용사의 보통형, な형용사な, 명사+ほどではない]

'그렇게 대단하지 않다, 그럴 정도로 중요하지 않다'는 뜻을 나타낸다.

ちょっと痛いですが、病院に行くほどではありません。
조금 아프지만 병원에 갈 정도는 아닙니다.

「今日もまた雨か……。しかたないわね。菜種梅雨だもの[5]。」

「なたねづゆ」と口にしてみると、とたんに優しい気分になる。きっと菜の花は、この雨を喜んでいるにちがいない[6]。いや、すべての植物が、この潤いを楽しんでいることだろう、と思われてくる。

- □ しかたない 할 수 없다 = しょうがない
- □ 口にする 입 밖에 내다, 말하다
- □ ~てみる ~해 보다
- □ とたんに 바로 그 순간에
- □ 気分 기분
- □ きっと 틀림없이, 반드시
- □ 喜ぶ 기뻐하다, 좋아하다
- □ いや 아니 〈いいえ의 회화체〉
- □ すべて 모두, 모조리
- □ 植物 식물
- □ 潤い 〈알맞은〉 습기, 촉촉함
- □ 楽しむ 즐기다, 좋아하다, 즐거워하다
- □ 思われる 생각되어지다, 느껴지다 〈思う의 수동형〉

'오늘도 또 비야?……. 할 수 없지. 유채꽃장마인걸.'

'유채꽃장마'라고 입 밖에 내어 말해 보면, 바로 그 순간 부드러운 기분이 된다. 틀림없이 유채꽃은 이 비를 기뻐하고 있을 거야. 아니, 모든 식물이 이 촉촉함을 즐기고 있겠지 하고 여겨진다.

---

5 ～もの ～(한)걸

회화에서 문말에 붙어 이유를 나타내는데, 말하는 이의 정당성을 주장하기 위해 쓰는 경우가 많다. 회화에서는 もん으로도 많이 쓴다.

お金で友情(ゆうじょう)がふいになるのは、いやだもの。
돈 때문에 우정이 허사가 되는 것은 싫은걸.

6 ～にちがいない ～임에 틀림없다

[동사・い형용사의 보통형, な형용사 어간, 명사+にちがいない]

말하는 사람의 주관적인 확신을 나타낸다.

彼女なら、そのことについて、知っているにちがいない。
그녀라면 그 일에 대해서 알고 있음에 틀림이 없다.

故郷(こきょう)

魯迅(ルーシュン)(ろじん) 著
竹内好(たけうちよしみ) 訳

厳(きび)しい寒(さむ)さの中(なか)を、二千里(にせんり)の果(は)てから、別(わか)れて二十年(にじゅうねん)にもなる故郷(こきょう)へ、わたしは帰(かえ)った。

もう真冬(まふゆ)の候(こう)であった。そのうえ故郷へ近(ちか)づくにつれて[1]、空模様(そらもよう)は怪(あや)しくなり、冷(つめ)たい風(かぜ)がヒューヒュー音(おと)を立(た)てて、船(ふね)の中(なか)まで吹(ふ)き込(こ)んできた。とまのすき間(ま)から外(そと)をうかがうと、鉛色(なまりいろ)の空(そら)の下(した)、わびしい村々(むらむら)が、いささかの活気(かっき)もなく、あちこちに横(よこ)たわっていた。覚(おぼ)えず寂寥(せきりょう)の感(かん)が胸(むね)にこみ上(あ)げた。

---

1 **～につれて ～에 따라** [동사 기본형, 명사＋につれて]

앞에 서술된 사항에 따라 뒤에 오는 사항도 변화한다는 비례 관계를 나타낸다.

日本人も食生活(しょくせいかつ)の変化(へんか)につれて、お肉(にく)をたくさん食べるようになりました。 일본인도 식생활의 변화에 따라 고기를 많이 먹게 되었습니다.

고향

루쉰 著

타케우치 요시미 訳

혹독한 추위 속을 2천 리 밖에서, 나는 떠난 지 20년이나 되는 고향으로 돌아왔다.

벌써 한겨울이었다. 게다가 고향에 가까워짐에 따라 날씨는 이상해져 차가운 바람이 휘잉휘잉 소리를 내며 배 안에까지 들이쳤다. 뜸 이엉 사이로 밖을 내다보니 납빛 하늘 아래 적적한 마을들이 조금의 활기도 없이 여기저기에 널려 있었다. 나도 모르게 적막감이 가슴에 복받쳐 올랐다.

- □ **故郷** 고향 〈저자의 고향은 중국 절강성 소흥임 =ふるさと〉
- □ **厳しい** 혹독하다, 엄하다
- □ **二千里** 중국의 1리는 약 500m로, 2천 리는 여기에서는 먼 거리를 상징적으로 나타냄
- □ **果て** 끝
- □ **別れる** 헤어지다, 이별하다
- □ **真冬の候** 한겨울철, 엄동지절
- □ **そのうえ** 게다가, 또한
- □ **空模様** 날씨
- □ **怪しい** 이상하다, 별스럽다
- □ **ヒューヒュー** 휘잉휘잉
- □ **音をたてる** 소리를 내다
- □ **船** 배
- □ **吹き込む** (바람이) 안으로 들이치다
- □ **とま** 뜸;짚 등으로 거적처럼 엮어 만든 것으로 비, 바람, 볕을 막는 데 씀
- □ **すき間** 사이, 틈
- □ **うかがう** 살피다, 엿보다
- □ **鉛色** 납빛
- □ **わびしい** 적적하다, 쓸쓸하다 =さびしい
- □ **いささか** 조금, 다소
- □ **活気** 활기
- □ **横たわる** 길게 눕다, 가로놓이다
- □ **覚えず** 나도 모르게, 무의식 중에 = 思(おも)わず
- □ **寂寥の感** 적요감, 적막함
- □ **こみ上げる** 복받쳐 오르다

ああ、これが二十年来、片時も忘れることのなかった故郷であろうか。

わたしの覚えている故郷は、まるでこんなふうではなかった。わたしの故郷は、もっとずっとよかった。その美しさを思い浮かべ、その長所を言葉に表そうとすると、しかし、その影はかき消され、言葉は失われてしまう。やはりこんなふうだったかもしれないという気がしてくる。そこで、わたしは、こう自分に言い聞かせた。もともと故郷はこんなふうなのだ —— 進歩もない代わりに、わたしが感じるような寂寥もありはしない。そう感じるのは、自分の心境が変わっただけだ。なぜなら、今度の帰郷は、けっして楽しいものではないのだから。

아아, 이것이 20년 동안 한시도 잊지 못했던 고향이란 말인가.

내가 기억하고 있는 고향은 전혀 이런 모습이 아니었다. 내 고향은 훨씬 더 좋았다. 그 아름다움을 떠올리며 그 장점을 말로 표현하려고 하자, 그러나 그 모습은 완전히 지워지고 말은 사라져 버린다. 역시 이런 모습이었을지도 모른다는 생각이 점차 든다. 그래서 나는 이렇게 자신에게 타일렀다. 원래 고향은 이런 모습인 것이다 —— 진보도 없는 대신에 내가 느끼는 듯한 적막감도 있는 것은 아니다. 그렇게 느끼는 것은 내 심경이 변한 것뿐이다. 왜냐하면, 이번 귀향은 결코 즐거운 게 아니기 때문에.

- □ ～来 그때부터 지금까지, ~이래, ~이후
- □ 片時も 한시도, 잠시도
- □ まるで (뒤에 부정 표현이 와서) 전혀, 전연, 통
- □ ふう 모습, 모양
- □ 思い浮かべる (생각을) 떠올리다, 회상하다
- □ 長所 장점 ↔短所(たんしょ) 단점
- □ 影 모습, 형체 = すがた
- □ かき消される 완전히 지워지다 〈かき消す의 수동형〉
- □ 失われる 사라지다, 상실되어 버리다 〈失う의 수동형〉
- □ ～かもしれない ~(일)지도 모른다
- □ 気がする 기분이 들다, 느낌이 들다
- □ そこで 그래서, 그런 까닭으로
- □ 言い聞かせる 타이르다, 설득하다
- □ もともと 원래
- □ ～のだ ~인 것이다, ~한 것이다 〈원인·이유의 설명을 나타냄〉
- □ 進歩 진보 ↔退歩(たいほ) 퇴보
- □ ～代わりに ~대신에
- □ 心境 심경
- □ なぜなら 왜냐하면
- □ 帰郷 귀향
- □ けっして 결코

今度は、故郷に別れを告げに来たのである。わたしたちが長いこと一族で住んでいた古い家は、今はもう他人の持ち物になってしまった。明け渡しの期限は今年いっぱいである。どうしても、旧暦の正月の前に、住み慣れた古い家に別れ、なじみ深い故郷を後にして、わたしが今暮らしを立てている異郷の地へ引っ越さねばならない。

明くる日の朝早く、わたしは我が家の表門に立った。屋根には一面に枯れ草のやれ茎が、おりからの風になびいて、この古い家が持ち主を変えるほかなかった[2]理由を説き明かし顔である。一緒に住んでいた親戚たちは、もう引っ越してしまった後らしく、ひっそり閑としている。自宅の庭先まで来てみると、母はもう迎えに出ていた。後から八歳になるおいの宏児もとび出した。

2　～ほか(は)ない ～밖에(는) 없다 [동사 기본형＋ほか(は)ない]

원하지 않지만 다른 방도가 없어 어쩔 수 없다는 뜻을 나타낸다.

車がないから、タクシーで行くほかない。차가 없으니 택시로 갈 수밖에 없다.

이번에는 고향에 이별을 고하러 온 것이다. 우리 일가 친척들이 오랫동안 살고 있던 옛집은 지금은 이미 타인의 소유물이 되어 버렸다. 비워 줘야 하는 기한은 올해 말까지이다. 어떤 일이 있어도 음력설 전에 정든 옛집과 헤어져 오랫동안 정든 고향을 뒤로하고, 내가 지금 생계를 꾸리고 있는 다른 고장의 땅으로 이사해야 한다.

이튿날 아침 일찍 나는 우리 집 대문에 섰다. 지붕에는 온통 마른 풀의 꺾인 줄기가 때마침 불어든 바람에 쏠리어, 이 오래된 집이 주인을 바꿀 수밖에 없었던 이유를 밝혀 주는 듯하다. 함께 살고 있던 친척들은 이미 이사해 버리고 난 뒤인 듯 아주 조용하다. 마당 가까지 와 보니, 어머니는 벌써 마중 나와 있었다. 뒤에서 여덟 살이 되는 조카 훈루도 뛰어나왔다.

- □ **告げる** 고하다, 알리다
- □ **長いこと** 오랫동안, 오래도록
- □ **一族** 일족
- □ **持ち物** 소유물
- □ **明け渡し** (가옥 · 토지 등을)비워 줌
- □ **期限** 기한
- □ **どうしても** 어떤 일이 있어도, 반드시
- □ **旧暦** 음력 = **陰暦**(いんれき) ↔ **新暦**(しんれき)
- □ **正月** 설, 정월
- □ **住み慣れる** 오래 살아 정들다
- □ **なじみ深い** 정들다, 친숙해지다
- □ **後にする** 뒤로하다
- □ **暮しを立てる** 생계를 꾸리다
- □ **異郷** 다른 고장, 타향
- □ **引っ越す** 이사하다
- □ **明くる日** 이튿날, 다음날
- □ **表門** 정문, 앞문 ↔ **裏門**(うらもん) 뒷문
- □ **屋根** 지붕
- □ **枯れ草** 마른 풀
- □ **やれ茎** 꺾여서 구부러진 풀줄기
- □ **おりから** 때마침, 마침 그때
- □ **なびく** 바람에 쏠리다, 나부끼다
- □ **持ち主** 주인, 소유주
- □ **説き明かす** (문제를 풀어서) 밝히다, 해명하다
- □ **〜顔** 〜한 모양, 〜체함, 짐짓 〜행세를 함 〈**知らん顔** 모르는 체함〉
- □ **親戚** 친척
- □ **ひっそり閑と** 아주 조용한 모양, 쥐 죽은 듯이 조용함 〈**ひっそりと**의 힘줌말〉
- □ **自宅** 자기 집
- □ **庭先** 뜰, 툇마루에 가까운 곳
- □ **迎える** 마중하다
- □ **おい** 남자 조카 ↔ **姪**(めい) 여자 조카
- □ **とび出す** 뛰어나오다

母は機嫌(きげん)よかったが、さすがにやるせない表情(ひょうじょう)は隠(かく)しきれなかった[3]。わたしを座(すわ)らせ、休(やす)ませ、茶(ちゃ)をついでくれるなどして、すぐ引っ越しの話(はなし)はもち出(だ)さない。宏児(ホンル)は、わたしとは初対面(しょたいめん)なので、離(はな)れた所(ところ)に立って、じっとわたしの方(ほう)を見(み)つめていた。

だが、とうとう引っ越しの話になった。わたしは、あちらの家はもう借(か)りてあること、家具(かぐ)も少(すこ)しは買(か)ったこと、後(あと)は家にある道具類(どうぐるい)をみんな売(う)り払(はら)って、その金(かね)で買(か)い足(た)せばよいこと、などを話した。母もそれに賛成(さんせい)した。そして、荷造(にづく)りもほぼ終(お)わったこと、かさばる道具類は半分(はんぶん)ほど処分(しょぶん)したが、よい値(ね)にならなかったことなどを話した。

- □ 機嫌 기분, 기분 상태
- □ さすがに 역시, 예상대로
- □ やるせない 마음을 달랠 길이 없어 안타깝다, 어쩔 수가 없다
- □ 隠す 감추다
- □ 座らせる 앉히다, 앉게 하다 〈座る의 사역형〉
- □ 休ませる 쉬게 하다 〈休む의 사역형〉
- □ つぐ 따르다, 붓다
- □ もち出す (말을) 꺼내다
- □ 初対面 첫 대면
- □ 離れる 떨어지다, 멀어지다
- □ じっと 물끄러미, 가만히
- □ 見つめる 응시하다, 주시하다
- □ とうとう 드디어
- □ 引っ越し 이사
- □ 借りる 빌리다 ↔貸(か)す 빌려 주다
- □ 売り払う 팔아 치우다, 처분하다
- □ 買い足す 사서 더 보태다
- □ 賛成 찬성
- □ 荷造り 짐 꾸리기
- □ ほぼ 거의
- □ かさばる 부피가 커지다, 늘다
- □ 半分 반, 절반
- □ ～ほど ~정도, ~만큼
- □ 処分 처분
- □ 値 가격 ＝値段(ねだん)

어머니는 기분 좋았지만 역시 달랠 길 없는 표정은 완전히 감출 수 없었다. 나를 앉히고, 쉬게 하고, 차를 따라 주고 하며 바로 이사 얘기는 꺼내지 않는다. 혼루는 나와는 첫 대면이라서 떨어진 곳에 서서 물끄러미 내 쪽을 응시하고 있었다.

하지만 드디어 이사 얘기를 하기에 이르렀다. 나는 저쪽 집은 이미 빌려 놓았다는 것, 가구도 조금은 샀다는 것, 나머지는 집에 있는 세간 따위를 몽땅 처분해 그 돈으로 사서 보태면 된다는 것 등을 얘기했다. 어머니도 그에 찬성했다. 그리고 짐 꾸리기도 거의 끝났다는 것, 부피가 나가는 세간 따위는 반 정도 처분했는데 좋은 가격이 되지 못했다는 것 등을 이야기했다.

3 ～きれない 다 ~할 수 없다 [동사 ます형+きれない]

'완전하게 ~할 수 없다, 충분하게 ~할 수 없다'라는 뜻을 나타낸다.

昨日(きのう)、レストランで食べたカキ氷(ごおり)は、一人で食べきれない量(りょう)だった。 어제 레스토랑에서 먹은 빙수는 혼자서 다 먹을 수 없는 양이었다.

「一、二日休んだら、親戚回(しんせきまわ)りをしてね、そのうえでたつとしよう。」と母は言った。

「ええ。」

「それから、閏土(ルントー)ね。あれが、いつも家へ来(く)る度(たび)に[4]、お前(まえ)のうわさをしては、しきりに会(あ)いたがっていましたよ。お前が着(つ)くおよその日取(ひど)りは知(し)らせておいたから、今に来るかもしれない。」

- □ **親戚回り** 친척들에게 돌며 인사함
- □ **そのうえで** 그 후에, 그 다음에
- □ **たつ**(発つ) 떠나다
- □ **それから** 그 다음에, 그리고 (또)
- □ **うわさをする** (남의) 이야기를 하다
- □ **しきりに** 몹시, 열심히, 매우
- □ **およそ** 대략적인 것, 대개
- □ **日取り** 날짜, 날짜를 정함, 택일
- □ **知らせる** 알리다, 통지하다, 통보하다
- □ **～ておく** ~해 두다
- □ **今に** 이제 곧, 머지않아

"하루, 이틀 쉬거든 친척들에게 인사하러 다니고, 그 후에 떠나기로 하자."
하고 어머니는 말했다.

"네."

"그리고 룬토 말인데. 걔가 늘 집에 올 때마다 네 얘기를 하고는 몹시 만나고 싶어했어. 네가 도착할 대략적인 날짜는 알려 두었으니까 이제 곧 올지도 모르겠다."

---

4 **〜度に 〜때마다** [동사 기본형, 명사の+度に]

'〜할 때면 언제나 〜한다'는 의미로 반복을 강조한 표현이다.

スーパーに買い物に行く度に増えていくビニール袋(ぶくろ)**を収納**(しゅうのう)**するのが問題である。** 슈퍼에 쇼핑 갈 때마다 늘어가는 비닐 봉지를 수납하는 것이 문제이다.

この時突然(ときとつぜん)、わたしの脳裏(のうり)に不思議(ふしぎ)な画面(がめん)が繰(く)り広(ひろ)げられた ── 紺碧(こんぺき)の空に金色(きんいろ)の丸(まる)い月(つき)が懸(か)かっている。その下は海辺(うみべ)の砂地(すなじ)で、見渡(みわた)す限(かぎ)り緑(みどり)のすいかが植(う)わっている。その真(ま)ん中(なか)に十一(じゅういち)、二歳(にさい)の少年(しょうねん)が、銀(ぎん)の首輪(くびわ)をつるし、鉄(てつ)の刺叉(さすまた)を手(て)にして立っている。そして一匹(いっぴき)の「猹(チャー)」をめがけて、ヤッとばかり[5]突(つ)く。すると、「猹」は、ひらりと身(み)をかわして、彼(かれ)のまたをくぐって、逃(に)げてしまう。

- □ 突然 돌연, 갑자기
- □ 脳裏 뇌리
- □ 不思議だ 이상하다
- □ 画面 화면
- □ 繰り広げられる 펼쳐지다 〈繰り広げる의 수동형〉
- □ 紺碧 감청색, 검푸른색
- □ 金色 금색
- □ 懸かる 걸리다
- □ 海辺 바닷가, 해변
- □ 逃げる 도망치다
- □ 砂地 모래땅 = すなち
- □ 見渡す限り 눈이 미치는 한, 눈에 들어오는 것 모두
- □ すいか 수박
- □ 植わる 심어지다
- □ 首輪 목걸이 = ネックレス
- □ つるす 매달다
- □ 鉄 철, 쇠
- □ 刺叉 긴 막대 끝에 U자 모양의 쇠를 꽂은 무기
- □ 手にする 손에 들다
- □ 猹 멧돼지 〈오소리를 닮은 동물로 猹는 저자가 만든 글자임〉

- □ めがける 겨냥하다, 노리다 = めざす
- □ ヤッ 이얏
- □ 突く 찌르다
- □ すると 그러자
- □ ひらりと 날쌔게, 휙 하고
- □ 身をかわす 몸을 돌려 비키다, 피하다
- □ また 가랑이
- □ くぐる (몸을 구부리고) 빠져나가다

이때 갑자기 내 뇌리에 이상한 화면이 펼쳐졌다 —— 검푸른 하늘에 금색의 둥근 달이 걸려 있다. 그 아래는 바닷가 모래땅이고, 그 땅 끝까지 녹색 수박이 심어져 있다. 그 한가운데에 열한두 살의 소년이 은목걸이를 하고 끝에 U자 모양의 쇠가 달린 작대기를 손에 들고 서 있다. 그리고 한 마리의 '멧돼지'를 겨냥하여 이얏 하고 찌른다. 그러자 '멧돼지'는 날쌔게 몸을 돌려 피하며 그의 가랑이를 빠져나가 달아나 버린다.

---

5 ~とばかり ~한 기세로, ~한 생각으로

보통 절을 받아 '마치 ~듯이'라는 뜻을 나타낸다. 관용적인 표현으로 えいっとばかりに(에잇할 듯이), この時とばかりに(이때라는 듯이) 등이 있다.

今とばかりに彼女に告白(こくはく)してしまった。
지금이 기회라는 듯이 그녀에게 고백해 버렸다.

この少年が閏土である。彼と知り合ったとき、わたしもまだ十歳そこそこだった。もう三十年近い昔のことである。そのころは、父もまだ生きていたし、家の暮らし向きも楽で、わたしは坊ちゃんでいられた。ちょうどその年は、我が家が大祭の当番に当たっていた。この祭りの当番というのが、三十何年めにただ一回順番が回ってくるとかで、ごく大切な行事だった。正月に、祖先の像を祭るのである。さまざまの供物をささげ、祭器もよく吟味するし、参詣の人も多かったので、祭器をとられぬ[6]ように番をする必要があった。

- □ 知り合う 서로 알다, 아는 사이가 되다
- □ そこそこ 안팎, 될까말까, 정도
- □ 生きる 생존하다, 살다
- □ 暮らし向き 집 형편, 생활 형편, 살림살이
- □ 楽だ 넉넉하다, 유복하다
- □ 坊ちゃん 도련님
- □ ちょうど 마침
- □ 大祭 큰 제사
- □ 当たる (차례 등이) 돌아오다, 임무를 맡다
- □ 祭り 제사
- □ 当番 당번
- □ ～め 순서 · 순번을 나타내는 말, ~째
- □ ただ 단, 다만, 오직
- □ 順番 순번
- □ 回ってくる (기회, 차례 등이) 돌아오다
- □ ～とか ~든가
- □ ごく 아주, 극히
- □ 大切だ 중요하다, 소중하다
- □ 行事 행사
- □ 祖先 조상, 선조 ↔ 子孫(しそん) 자손
- □ 像 상, 모습, 모양
- □ 祭る 제사 지내다
- □ 供物 제사 음식, 공물 = おそなえ
- □ ささげる 올리다, 높이 받들다
- □ 吟味 음미, 감독, 단속
- □ 参詣の人 참배객
- □ 祭器 제기, 제사 지낼 때 사용하는 그릇
- □ とられる 도둑맞다, 빼앗기다 〈取(と)る의 수동형〉
- □ 番をする 망을 보다, 지키다
- □ 必要 필요

이 소년이 룬토이다. 그와 알게 되었을 때 나도 아직 열 살 안팎이었다. 벌써 30년 가까운 옛날 일이다. 그 무렵에는 아버지도 아직 살아 있었고 집안 형편도 넉넉해서 나는 도련님으로 있을 수 있었다. 마침 그 해는 우리 집이 큰 제사 당번이었다. 이 제사 당번이라는 것이, 삼십 몇 년째에 단 한 번 순번이 돌아온다던가 해서 아주 중요한 행사였다. 설날에 조상의 영정에 제사 지내는 것이다. 여러 가지 제사 음식을 올리고 제기도 잘 관리해야 하는데다 참배객도 많았기 때문에 제기를 도둑맞지 않도록 망을 볼 필요가 있었다.

6　～ぬ ～(하)지 않다 [동사 ない형+ぬ]

현대어의 ない와 같은 표현의 고어로, 동사에 붙어 부정을 나타낸다. 知らん 등과 같은 말에 쓰이는 ん에서 그 흔적을 찾아볼 수 있다. 불규칙 동사에 붙을 때에는 せぬ · こぬ와 같이 된다.

親(おや)の知らぬ間に子は育(そだ)つ。 부모도 모르는 사이에 아이는 자란다.

わたしの家には「忙月(マンユエ)」が一人(ひとり)いるだけである。（わたしの郷里(きょうり)では、雇(やと)い人(にん)は三種類(さんしゅるい)ある。年間通(ねんかんとお)して決(き)まった家で働(はたら)くのが「長年(チャンネン)」、日決(ひぎ)めで働くのが「短工(トアンクン)」、自分でも耕作(こうさく)するかたわら[7]、年末(ねんまつ)や節季(せっき)や年貢(ねんぐ)集(あつ)めのときなどに、決まった家へ来て働くのが「忙月」と呼(よ)ばれた。）一人では手が足(た)りぬので、彼は自分の息子(むすこ)の閏土(ルントー)に祭器の番をさせたいが、とわたしの父に申(もう)し出(で)た。

父はそれを許(ゆる)した。わたしもうれしかった。というのは、かねて閏土という名(な)は耳(みみ)にしていたし、同(おな)じ年(とし)ごろなこと、また閏月(うるうづき)の生(う)まれで、五行(ごぎょう)*の土(ど)が欠(か)けているので父親(ちちおや)が閏土と名付(なづ)けたことも承知(しょうち)していたから。彼はわなを掛(か)けて小鳥(ことり)を捕(と)るのがうまかった。

- □ 郷里 고향, 향리 = ふるさと
- □ 雇い人 고용인, 사용인 〈雇う 고용하다〉
- □ 種類 종류
- □ 年間通して 일년 내내
- □ 決まる 정해지다
- □ 日決め 날짜를 정함
- □ 耕作 경작
- □ 節季 단오, 중추절, 연말 또는 각 절기 전의 결산기
- □ 年貢 옛날에 저택 · 토지 등에 해마다 부과하던 조세, 연공
- □ 集める 모으다
- □ 手が足りぬ 일손이 부족하다
- □ 申し出る (의견 · 희망 · 요구 등을 자청해서) 말하다
- □ 許す 허락하다
- □ かねて 전부터, 진작부터
- □ 名 이름
- □ 耳にする 듣다
- □ 年ごろ 대체로 본 나이의 정도
- □ 閏月 윤달
- □ 生まれ 생, 태생
- □ 欠ける 빠지다, 부족하다
- □ 名付ける 이름 짓다, 명명하다
- □ 承知する 알다
- □ わなを掛ける 덫을 놓다
- □ 小鳥 작은 새
- □ 捕る (작은 동물 등을) 잡다
- □ うまい 능숙하다, 잘하다

우리 집에는 '망유에'가 한 명 있을 뿐이다. (우리 고향에서는 고용인은 세 종류 있다. 일년 내내 정해진 집에서 일하는 것이 '챵넨', 날짜를 정해서 일하는 것이 '토앙쿵', 스스로도 경작하는 한편 연말이나 결산기나 소작료를 거둘 때 같은 때에 정해진 집에 와서 일하는 것을 '망유에'라 불렀다.) 혼자서는 일손이 부족하므로 그는 자기 아들인 룬토에게 제기 망을 보게 하고 싶은데, 라고 우리 아버지에게 말했다.

아버지는 그걸 허락했다. 나도 기뻤다. 왜냐하면 전부터 룬토라는 이름은 듣고 있었고, 비슷한 나이라는 것, 또 윤달생으로 오행에서 '흙 토'가 빠져 있어 그의 아버지가 룬토라고 이름 지은 것도 알고 있었기 때문에. 그는 덫을 치고 작은 새를 잡는 게 능숙했다.

---

7 ～かたわら ～하는 한편 [동사 기본형, 명사の+かたわら]

어떤 한 가지 일을 하면서, 그와 병행하여 다른 일도 하고 있다는 뜻으로, 두 동작이 행해지는 시간대가 다르다는 점에서 ながら와 차이가 있다.

中村さんは、仕事のかたわら夜間(やかん)を利用(りよう)して、大学に通っている。
나카무라 씨는 일을 하는 한편 야간을 이용하여 대학에 다니고 있다.

★ **五行**

오행, 중국 고대의 세계관에서, 만물을 구성하고 지배한다는 다섯 원소(元素). 목·화·토·금·수를 총칭하는 말.

それからというもの、来る日も来る日も新年(しんねん)が待(ま)ち遠(どお)しかった。新年になれば閏土がやって来る。待(ま)ちに待った年末(ねんまつ)になり、ある日のこと、母がわたしに、閏土が来たと知らせてくれた。とんでいってみると、彼は台所(だいどころ)にいた。つやのいい丸顔(まるがお)で、小(ちい)さな毛織(けお)りの帽子(ぼうし)をかぶり、きらきら光(ひか)る銀(ぎん)の首輪をはめていた。それは父親の溺(でき)愛(あい)ぶりを示(しめ)すもので、どうか息子が死(し)なないようにと、神仏(しんぶつ)に願(がん)をかけて、その首輪でつなぎ止(と)めてあるのだ。彼は人見知(ひとみし)りだったが、わたしにだけは平気(へいき)で、そばにだれもいないとよく口(くち)をきいた。半日(はんにち)もせずにわたしたちは仲(なか)よくなった。

- □ 来る日も来る日も 매일 매일
- □ 待ち遠しい 기다리는 것이 몹시 지루하다, 몹시 기다려지다
- □ やって来る 찾아오다
- □ 待ちに待った 기다리고 기다리던
- □ とんでいく (날아갈 듯이) 뛰어가다
- □ つや 윤기
- □ 毛織り 모직, 모직물
- □ きらきら 빛나는 모양, 반짝반짝
- □ 光る 빛나다
- □ はめる 끼다, 채우다
- □ 溺愛 익애, (맹목적으로) 몹시 사랑함
- □ ~ぶり (동사 ます형, 명사에 붙어) ~의 모양
- □ 示す 나타내다, 나타내 보이다
- □ どうか 부디, 아무쪼록, 제발
- □ 神仏 신불, 신과 부처
- □ 願をかける (신불에게) 기원하다
- □ つなぎ止める 붙들어 매다
- □ 人見知り 낯가림, 낯가리는 사람
- □ 平気だ 아무렇지 않다, 태연하다
- □ 口をきく 말하다
- □ 半日 한나절
- □ ~ずに (동사의 ない형에 접속하여) ~(하)지 않고 〈단, する→せず, 来る→こず〉
- □ 仲よい 사이 좋다, 친하다

그러고 나서 줄곧 매일매일 새해가 몹시 기다려졌다. 새해가 되면 룬토가 찾아온다. 기다리고 기다리던 연말이 되었고, 어느 날, 어머니가 나에게 룬토가 왔다고 알려 주었다. 뛰어가 보니 그는 부엌에 있었다. 윤기 나는 둥근 얼굴에 작은 모직 모자를 쓰고 반짝반짝 빛나는 은목걸이를 하고 있었다. 그것은 그의 아버지의 맹목적인 사랑을 나타내는 것으로, 아무쪼록 아들이 죽지 않도록 신과 부처에게 기원하며 그 목걸이로 붙들어 매 놓은 것이다. 그는 낯을 가렸지만 나에게만은 아무렇지도 않아 옆에 아무도 없으면 말을 곧잘 했다. 한나절도 지나지 않아 우리들은 친해졌다.

その時何(なに)をしゃべったかは、覚えていない。ただ閏土が、城内(じょうない)へ来ていろいろ珍(めずら)しいものを見(み)たと言って、はしゃいでいたことだけは記憶(きおく)に残(のこ)っている。

明くる日、鳥(とり)を捕ってくれと頼(たの)むと、彼は、

「だめだよ。大雪(おおゆき)が降(ふ)ってからでなきゃ。おいらとこ、砂地に雪が降るだろ。そうしたら雪をかいて、少し空(あ)き地(ち)をこしらえるんだ。それから、大(おお)きなかごを持(も)ってきて、短(みじか)いつっかえ棒(ぼう)をかって、くずもみをまくんだ。そうすると、小鳥が来て食(く)うから、その時遠(とお)くの方(ほう)から、棒に結(ゆ)わえてある縄(なわ)を引(ひ)っ張(ぱ)るんだ。そうすると、みんなかごから逃げられないんだ。何(なん)だっているぜ。稲鶏(タオチー)だの角鶏(チアオチー)だの、はとだの、藍背(ランペイ)だの……。」

그때 무슨 말을 했는지는 기억하지 못한다. 단지 룬토가 성안에 와서 여러 가지 신기한 것을 봤다고 하며 신나서 떠들었던 것만은 기억에 남아 있다.

다음 날, 새를 잡아 달라고 부탁하자 그는,

"안 돼. 큰 눈이 내리고 나서가 아니면. 우리 동네 모래땅에 눈이 내리잖니. 그러면 눈을 치우고 조금 빈터를 만드는 거야. 그러고 나서 커다란 바구니를 가져와서 짧은 버팀목을 괴고, 겨 찌꺼기를 뿌리는 거야. 그렇게 하면 작은 새가 와서 먹으니까 그때 멀리서 막대기에 매어 놓은 줄을 잡아당기는 거야. 그렇게 하면 전부 바구니에서 도망치지 못하지. 뭐든지 있어. 볏새라든가 뿔새라든가 비둘기라든가 람빼 등등……."

- □ しゃべる 말하다, 지껄이다
- □ 城内 성내, 성안
- □ 珍しい 신기하다, 진귀하다
- □ はしゃぐ 신나서 떠들다
- □ 記憶 기억
- □ 大雪 큰 눈
- □ ～でなきゃ ～이 아니면 = ～でなければ
- □ おいら (おれら의 변한말) 우리 〈남성어로, 품위는 없으나 친밀감을 내포하고 있음〉
- □ とこ 곳 〈ところ의 속된 표현〉
- □ ～だろ ～이지, ～이겠지 〈～だろう의 줄임말〉
- □ かく 긁다
- □ 空き地 빈터, 공터
- □ こしらえる 만들다, 제조하다
- □ かご 바구니
- □ つっかえ棒 버팀목
- □ かう 괴다, 받치다, 지탱하다
- □ くず 찌꺼기, 부스러기
- □ もみ 뉘, 〈겉겨가 붙어 있는〉 벼
- □ まく 뿌리다
- □ 食う 먹다 〈食べる보다 속된 말〉
- □ 結わえる 매다, 묶다 = しばる
- □ 縄 밧줄, 새끼줄
- □ 引っ張る 잡아당기다
- □ ～ぜ ～(이)야 〈문장 끝에 붙어 주로 남성 회화에 쓰는 거친 표현, じゃ、頼むぜ 그럼 부탁하네〉
- □ 稲鶏 볏새 〈작가가 만들어 낸 가공의 새〉
- □ ～だの ～이라든가, ～다느니 〈사물을 열거할 때 씀〉
- □ 角鶏 뿔새 〈작가가 만들어 낸 가공의 새〉
- □ はと 비둘기
- □ 藍背 람빼 〈작가가 만들어 낸 가공의 새〉

それからは雪の降るのが待ち遠しくなった。

閏土はまた言うのだ。

「今は寒いけどな、夏になったら、おいらとこへ来るといいや。おいら、昼間は海へ貝殻拾いに行くんだ。赤いのも、青いのも、何でもあるよ。『鬼おどし』もあるし、『観音様の手』もあるよ。晩には父ちゃんとすいかの番に行くのさ。お前も来いよ。」

「どろぼうの番？」

- □ 昼間 낮, 주간 = 日中(ひなか)
- □ 貝殻 조개 껍데기
- □ 拾う 줍다 ↔ 捨(す)てる 버리다
- □ ～に行く ~(하)러 가다
- □ 鬼おどし 도깨비조가비
- □ 観音様の手 관음보살손조개 〈작가가 만들어 낸 것으로 관음보살 손 모양을 한 조개〉
- □ 晩 밤
- □ 父ちゃん 〈친근한 호칭〉 아빠
- □ ～さ ~(이)지, ~(이)야 〈강조하거나, 어조를 고르거나, 상대방의 주의 등을 끌고자 할 때 씀〉
- □ お前 너
- □ どろぼうの番 도둑 지키기

그때부터는 눈이 내리는 것이 몹시 기다려졌다.
룬토는 또 말한다.
"지금은 춥지만 말이야, 여름이 되면 우리 동네로 오면 좋아. 우리들, 낮에는 바다에 조개 껍데기 주우러 가. 빨간 것, 파란 것 뭐든지 있어. '도깨비 조가비'도 있고, '관음보살손조개'도 있어. 밤에는 아빠랑 수박 망보러 가. 너도 와."
"도둑 지키러?"

「そうじゃない。通(とお)りがかりの人が、のどが渇(かわ)いてすいかを取(と)って食(く)ったって、そんなの、おいらとこじゃどろぼうなんて思(おも)やしない。番するのは、あなぐまや、はりねずみや、猹さ。月(つき)のある晩に、いいかい、ガリガリって音(おと)がしたら、猹がすいかをかじってるんだ。そうしたら手に刺叉を持って、忍(しの)び寄(よ)って……。」

その時わたしはその「猹」というのがどんなものか、見当(けんとう)もつかなかった —— 今でも見当はつかない —— が、ただなんとなく、小犬(こいぬ)のような、そして獰猛(どうもう)な動物(どうぶつ)だという感(かん)じがした。

- □ 通りがかり (마침 그곳을) 지나감, 지나는 도중임
- □ のど 목
- □ 渇く 마르다, 갈증 나다
- □ 取る (열매 등을) 따다
- □ 〜って 여기서는 〈〜といっても~라고 해도〉
- □ 思やしない 생각하지 않다 = 思いはしない
- □ あなぐま 오소리
- □ はりねずみ 고슴도치
- □ 〜かい ~냐? ~니? 〈친밀감을 갖고 질문할 때 씀〉
- □ ガリガリ 으득으득
- □ 音がする 소리가 나다 〈においがする 냄새가 나다〉
- □ かじる 갉아먹다
- □ 忍び寄る 살며시 다가가다
- □ 見当(が)つく 짐작(이) 가다
- □ なんとなく 왠지, 어쩐지
- □ 小犬 강아지 = 子犬(こいぬ)
- □ 獰猛だ 모질고 사납다
- □ 感じがする 느낌이 들다

"그게 아니야. 마침 거길 지나가는 사람이 목이 말라 수박을 따 먹는다고 해서 그런 거 우리 동네에선 도둑 따위로 생각하진 않아. 망본다는 건, 오소리랑 고슴도치랑 멧돼지야. 달 뜬 밤에, 있잖아, 으득으득 하는 소리가 나면 멧돼지가 수박을 갉아먹고 있는 거야. 그럼 손에 쇠가 달린 작대기를 들고 살금살금 다가가서……."

그때 나는 그 '멧돼지'라는 것이 어떤 것인지 짐작도 가지 않았다 — 지금도 짐작은 가지 않는다 — 하지만 그저 왠지 강아지 같은, 그리고 사나운 동물일 거라는 느낌이 들었다.

「かみつかない？」

「刺叉(さすまた)があるじゃないか。忍び寄って、猹を見(み)つけたら突くのさ。あん畜生(ちくしょう)、りこうだから、こっちへ走(はし)ってくるよ。そうしてまたをくぐって逃げてしまうよ。なにしろ毛(け)が油(あぶら)みたいに滑(すべ)っこくて……。」

こんなにたくさん珍しいことがあろうなど、それまでわたしは思ってもみなかった。海には、そのような五色(ごしき)の貝殻があるものなのか。すいかには、こんな危険(きけん)な経歴(けいれき)があるものなのか。わたしはすいかといえば[8]、果物屋(くだものや)に売(う)っているものとばかり思っていた。

「おいらとこの砂地では、高潮(こうちょう)の時分(じぶん)になると『跳ね魚(はねざかな)』がいっぱい跳ねるよ。みんなかえるみたいな足(あし)が二本(にほん)あって……。」

- □ かみつく 달려들어 물다, 대들다
- □ 見つける 발견하다, 찾다
- □ あん 저, 그 = あの
- □ 畜生 짐승 = けだもの
- □ りこう(利口) 영리함, 똑똑함
- □ なにしろ 어쨌든, 아무튼 = ともかく
- □ 油 기름
- □ ～みたいだ ~같다
- □ 滑っこい 미끌미끌하다
- □ 五色 오색, 다섯 가지 색, 여러 가지 종류
- □ 経歴 경력
- □ 果物屋 과일 가게
- □ ～ばかり ~만, ~뿐
- □ 高潮 밀물의 한창때, 만조
- □ 時分 때, 쯤, 무렵, 당시
- □ 跳ね魚 통통물고기
- □ 跳ねる 뛰어오르다 = 飛(と)び上(あ)がる
- □ かえる 개구리

"달려들어 물지 않아?"

"쇠가 달린 작대기가 있잖아. 살그머니 다가가 멧돼지를 발견하면 찌르는 거야. 그 짐승, 영리해서 내 쪽으로 달려와. 그리고 가랑이를 빠져나가 도망쳐 버리는 거야. 어쨌든 털이 기름처럼 미끌미끌해서……."

이렇게나 많이 신기한 일이 있으리라고는 그때까지 나는 생각해 보지도 않았다. 바다에는 그런 오색 조개 껍데기가 있는 건가? 수박에는 이런 위험한 내력이 있는 건가? 나는 수박이라고 하면 과일 가게에서 팔고 있는 것이라고만 생각하고 있었다.

"우리 동네의 모래땅에서는 만조 때가 되면 '통통물고기'가 가득 뛰어올라. 전부 개구리 같은 다리가 두 개 있고……."

---

8 ~といえば ~(이)라고 하면

[동사・い형용사의 보통형, な형용사 어간, 명사+といえば]

어떤 화제로 대화 도중 그것과 관련되어 생각나거나 한 일 등을 새롭게 화제로 삼을 때 쓴다.

韓国での新年(しんねん)といえば１月１日ではなく旧暦(きゅうれき)の正月(しょうがつ)です。한국에서의 신년이라고 하면 1월 1일이 아니라 음력 정월입니다.

ああ、閏土(ルントー)の心(こころ)は神秘(しんぴ)の宝庫(ほうこ)で、わたしの遊(あそ)び仲間(なかま)とは大違(おおちが)いだ。こんなことはわたしの友達(ともだち)は何も知ってはいない。閏土が海辺にいる時、彼らはわたしと同様(どうよう)、高(たか)い塀(へい)に囲(かこ)まれた中庭(なかにわ)から四角(しかく)な空を眺(なが)めているだけなのだ。

惜(お)しくも正月は過(す)ぎて、閏土は家へ帰らねばならなかった。別れがつらくて、わたしは声(こえ)をあげて泣(な)いた。閏土も台所の隅(すみ)に隠(かく)れて、嫌(いや)がって泣いていたが、とうとう父親に連(つ)れてゆかれた。その後(ご)、彼は父親にことづけて、貝殻を一包(ひとつつ)みと、美(うつく)しい鳥(とり)の羽(はね)を何本(なんぼん)か届(とど)けてくれた。わたしも一(いち)、二度(にど)何(なに)か贈(おく)り物(もの)をしたが、それきり[9]顔を合(あ)わす機会(きかい)はなかった。

- □神秘 신비
- □宝庫 보고, 보물 창고
- □遊び仲間 놀이 친구(들)
- □大違い 아주 다르다
- □同様 마찬가지임, 다름 없음
- □塀 담, 울타리
- □囲まれる 에워싸이다 〈囲む의 수동형〉
- □中庭 안뜰
- □四角 사각
- □眺める 바라보다
- □惜しくも 아쉽게도
- □つらい 괴롭다
- □声をあげる 소리를 높이다
- □隅 구석, 모퉁이
- □隠れる 숨다
- □嫌がる 싫어하다
- □連れてゆかれる 이끌려 가다
- □ことづける 전갈(전언)을 부탁하다
- □一包み 한 꾸러미
- □羽 깃털, 새털
- □届ける 보내다, 전하다
- □贈り物 선물 = プレゼント
- □合わす (얼굴을) 대면시키다, 만나게 하다 = あわせる
- □顔を合わす 얼굴을 대하다, 만나다
- □機会 기회

아아, 룬토의 마음은 신비스런 보물 창고로 내 놀이 친구들과는 아주 달랐다. 이런 것은 내 친구들은 아무것도 모른다. 룬토가 해변에 있을 때, 그들은 나와 마찬가지로 높은 담에 에워싸인 안뜰에서 사각 하늘을 바라보고 있을 뿐인 것이다.

아쉽게도 설날이 지나고 룬토는 집으로 돌아가야 했다. 헤어짐이 괴로워 나는 소리 높여 울었다. 룬토도 부엌 구석에 숨어 싫다고 울고 있었지만 결국 그의 아버지에게 이끌려 갔다. 그 후, 그는 그의 아버지에게 전갈을 부탁하며 조개 껍데기를 한 꾸러미하고 아름다운 새의 깃털을 몇 개인가 보내 주었다. 나도 한두 번 무언가 선물을 했지만, 그것뿐 그 이후로 얼굴을 마주할 기회는 없었다.

---

9 **～きり ～뿐** [동사 た형, 명사 · これ · それ · あれ+きり]

'어떤 일을 마지막으로 그 후 계속 ~하지 않고 있다'라는 의미로, 실망, 걱정 등의 감정을 내포하고 있다.

彼とは、一度会ったきりで、二度と会えなかったです。그와는 한 번 만났을 뿐 두 번 다시 만날 수 없었습니다.

今、母の口から彼の名が出たので、この子供(こども)のころの思い出(おもいで)が、電光(でんこう)のように一挙(いっきょ)によみがえり、わたしはやっと美しい故郷を見た思いがした。わたしはすぐこう答(こた)えた。

「そりゃいいな。で —— 今、どんな？……。」

「どんなって……やっぱり楽ではないようだが……。」

そう答えて母は、戸外(こがい)へ目(め)をやった。

「あの連中(れんじゅう)、また来ている。道具を買うという口実(こうじつ)で、その辺(へん)にあるものを勝手(かって)に持っていくのさ。ちょっと見てくるからね。」

- □ 思い出 기억, 추억, 회상
- □ 電光 번개
- □ 一挙に 일순간에, 단숨에
- □ よみがえる 되살아나다, 소생하다
- □ やっと 겨우, 가까스로, 간신히
- □ 思いがする 생각이 들다
- □ そりゃ 그건, 그것은 = それは
- □ 戸外 집 밖
- □ 目をやる 눈길을 돌리다, 눈길을 보내다, 그쪽을 보다
- □ 連中 패거리들, 일당 = れんちゅう
- □ 口実 핑계, 구실
- □ その辺 그 주변, 근처
- □ 勝手に 마음대로, 멋대로

지금 어머니 입에서 그의 이름이 나왔기에, 이 어렸을 적 추억이 번개처럼 일순간에 되살아나, 나는 겨우 아름다운 고향을 본 생각이 들었다. 나는 곧 이렇게 대답했다.

"그거 참 잘됐네. 그런데 —— 지금, 어떤?……."

"어떤이라고 하면……역시 넉넉하지는 않은 것 같은데……."

그렇게 대답하고 어머니는 집 밖으로 눈길을 돌렸다.

"저 패거리들, 또 와 있네. 세간을 산다는 핑계로 근처에 있는 걸 맘대로 가져가는 거야. 잠깐 보고 올 테니까."

母は立(た)ち上(あ)がって出ていった。外(そと)では、数人(すうにん)の女(おんな)の声がしていた。わたしは宏児をこちらへ呼(よ)んで、話(はな)し相(あい)手(て)になってやった。字(じ)は書(か)ける？ よそへ行くの、うれしい？ などなど。

「汽車(きしゃ)に乗(の)ってゆくの？」

「汽車に乗ってゆくんだよ。」

「お船は？」

「初(はじ)めに、お船に乗って……。」

「まあまあ、こんなになって、ひげをこんなに生(は)やして。」

不意(ふい)に甲高(かんだか)い声が響(ひび)いた。

□ 立ち上がる (앉아 있거나 누운 사람이) 일어서다
□ 数人 여러 명
□ 話し相手 이야기 상대, 말 상대
□ 字 글씨
□ よそ 딴 데, 다른 곳
□ まあまあ (まあ를 강조하여) 아이고 참, 어머
□ ひげ 수염
□ 生やす (수염 등을) 기르다
□ 不意に 갑자기
□ 甲高い (목소리나 소리가) 날카롭고 드높다, 새되다
□ 響く 울리다, 울려 퍼지다

어머니는 일어나 나갔다. 밖에서는 여러 명의 여자 소리가 났다. 나는 훈루를 내 쪽으로 불러 이야기 상대가 되어 주었다. 글씨는 쓸 줄 알아? 다른 곳으로 가는 거, 좋아? 등등.

"기차를 타고 가?"

"기차를 타고 가는 거야."

"배는?"

"처음에 배를 타고……."

"아이고 참, 이렇게 돼서, 수염을 이리 기르고."

갑자기 날카롭고 드높은 소리가 울렸다.

びっくりして頭(あたま)を上(あ)げてみると、わたしの前には、ほお骨(ぼね)の出た、唇(くちびる)の薄(うす)い、五十(ごじゅう)がらみの女が立っていた。両手(りょうて)を腰(こし)に当(あ)てがい、スカートをはかないズボン姿(すがた)で足を開(ひら)いて立ったところは、まるで製図用(せいずよう)の脚(あし)の細(ほそ)いコンパスそっくりだった。

わたしはどきんとした。

「忘れたかね？ よく抱(だ)っこしてあげたものだ[10]が。」

ますますどきんとした。幸(さいわ)い、母が現(あらわ)れて口添(くちぞ)えしてくれた。

「長(なが)いこと家にいなかったから、見忘(みわす)れてしまってね。お前、覚えているだろ。」とわたしに向(む)かって、

「ほら、筋向(すじむ)かいの楊(ヤン)おばさん……豆腐屋(とうふや)の。」

□ びっくりする 깜짝 놀라다
□ 頭を上げる 고개를 들다
□ ほお骨 광대뼈
□ ～がらみ 〈연령 · 값을 나타내는 말에 붙어〉 ~쯤, ~가량
□ 当てがう 딱 붙이다, 대다
□ 姿 차림, 모습
□ 足を開く 다리를 벌리다
□ 製図用 제도용
□ 脚 다리
□ コンパス 컴퍼스
□ そっくり 꼭 닮은 모양
□ どきんとする 갑작스런 일에 놀라 가슴이 움찔하는 모양, 철렁하다 = どきりとする
□ 抱っこ 안음, 안김
□ ますます 점점 더 = いよいよ
□ 幸い 다행히
□ 現れる 나타나다
□ 口添え 말을 거듦
□ 長いこと 오랫동안
□ 見忘れる (이전에 본 일이 있는데도) 잊어 버리다, 몰라보다
□ 向かう 향하다
□ ほら 〈주의를 환기시키는 말〉 있잖아, 봐봐
□ 筋向かい 대각선으로 봄, 비껴 마주 봄 = ななめむかい
□ 豆腐屋 두부 가게

깜짝 놀라 고개를 들어 보니, 내 앞에는 광대뼈가 나온, 입술이 얇은 오십 가량의 여자가 서 있었다. 양손을 허리에 딱 붙이고 치마를 입지 않은 바지 차림으로 다리를 벌리고 선 모습이 마치 다리가 가느다란 제도용 컴퍼스를 꼭 닮았다.

나는 철렁했다.

"잊었나? 자주 안아 주곤 했었는데."

점점 더 철렁했다. 다행히 어머니가 나타나 말을 거들어 주었다.

"오랫동안 집에 없었으니까 몰라보겠지. 너, 기억하고 있지?" 하고 나를 향해,

"있잖아, 대각선 방향에 사는 양 아줌마……두부 가게의."

10 ～ものだ ~(하)곤 했다 [동사 た형+ものだ]

과거에 있었던 일의 회상을 나타낸다.

軍人(ぐんじん)だった父はいつも老兵(ろうへい)は死なず、と言ったものだ。
군인이었던 아버지는 언제나 '노병은 죽지 않는다'라고 말하곤 했다.

そうそう、思い出した。そう言えば子供のころ、筋向かいの豆腐屋に、楊おばさんという人が一日じゅう座っていて、「豆腐屋小町*」と呼ばれていたっけ[11]。しかし、その人ならおしろいを塗っていたし、ほお骨もこんなに出ていないし、唇もこんなに薄くはなかったはずだ。それに一日じゅう座っていたのだから、こんなコンパスのような姿勢は、見ようにも見られなかった[12]。そのころうわさでは、彼女のおかげで豆腐屋は商売繁盛だとされた。たぶん年齢のせいだろうか、わたしはそういうことにさっぱり関心がなかった。そのため見忘れてしまったのである。

- □思い出す 생각해 내다, 회상하다
- □そう言えば 그러고 보니
- □おしろい (화장용) 분
- □塗る 바르다
- □〜はずだ 당연함을 나타냄, 〜일 터이다, 당연히 〜할 것이다
- □姿勢 자세
- □うわさ 소문
- □おかげで 덕분에
- □商売 장사
- □繁盛 번성, 번창
- □年齢 연령, 나이
- □〜せい 〜탓
- □さっぱり (뒤에 부정어가 따르며) 도통, 도무지, 전혀 〈さっぱり分からない 전혀 모르다〉
- □関心 관심
- □そのため 그 때문에

그래그래, 생각났다. 그러고 보니 어릴 적 대각선 방향에 있는 두부 가게에 양 아줌마라는 사람이 하루 종일 앉아 있었고 '두부 가게 예쁜 처녀'라고 불리었던가? 그러나 그 사람이라면 분을 바르고 있었고 광대뼈도 이렇게 나오지 않았고, 입술도 이렇게 얇지는 않았을 것이다. 게다가 하루 종일 앉아 있었기 때문에, 이런 컴퍼스 같은 자세는 보려 해도 볼 수 없었다. 그 즈음의 소문으로는 그녀 덕분에 두부 가게는 장사가 번창하고 있다고 했다. 아마도 나이 탓일까, 나는 그런 것에 도통 관심이 없었다. 그 때문에 몰라보고 말았던 것이다.

---

11 ～っけ ~이(었)지, ~(하)곤 했었지

[동사 · い형용사의 た형, な형용사 · 명사의 だ(った)+っけ]

문장 끝에 붙어 과거의 일이나 불확실한 일에 대해 상대방에게 질문하거나 스스로에게 확인할 때 쓰는 표현.

そういえば家にもかわいい猫がいったっけ。
그러고 보니 우리 집에도 귀여운 고양이가 있었지.

12 ～(よ)うにも～(られ)ない ~(하)려고 해도 ~수 없다

[동사 (よ)う형+にも~(られ)ない]

아무리 애를 써서 하려고 해도 그것이 불가능한 상황임을 나타낸다. 뒤에는 가능동사의 부정이 온다.

あの日のことは、忘れようにも忘れられない。
그날의 일은 잊으려 해도 잊을 수가 없다.

＊ 小町

平安(へいあん) 시대의 여류 시인인 小野小町(おののこまち)가 절세 미인이었던 데서 소문난 아름다운 처녀를 나타낸다. 원문에서는 중국 월나라의 미인이었던 서시(西施)로 쓰여 있다.

ところがコンパスのほうでは、それがいかにも不服(ふふく)らしく、さげすむような表情を見(み)せた。まるでフランス人(じん)のくせにナポレオンを知らず、アメリカ人のくせにワシントンを知らぬのをあざけるといった調子(ちょうし)で、冷笑(れいしょう)を浮(う)かべながら、

「忘れたのかい？ なにしろ身分(みぶん)のあるお方(かた)は目が上(うえ)を向(む)いているからね……。」

「そんな訳(わけ)じゃないよ……僕(ぼく)は……。」わたしはどぎまぎして、立ち上がった。

□ ところが 그런데, 그러나
□ いかにも 자못, 정말로, 아무리 생각해도
□ 不服 불복, 납득이 가지 않아 불만스럽게 생각함
□ さげすむ 업신여기다, 깔보다
□ 見せる 보이다, 보여 주다
□ 知らず 모르다 = 知らない · 知らぬ
□ ～くせに ~주제에
□ あざける 비웃다, 조소하다
□ 調子 말투, 어조
□ 冷笑 냉소
□ 浮かべる (표면에) 나타나다, 띠다 ↔ 沈(しず)める 가라앉다
□ ～ながら (동사의 ます형에 붙어 동시 동작을 나타냄) ~하면서
□ 身分 신분
□ お方 분
□ 上を向く 위쪽을 향하다
□ 訳 것, 뜻, 의미
□ どぎまぎする 뜻밖의 일을 당하거나 압도되어 당황하는 모양, 허둥지둥하다

그런데 컴퍼스 쪽에서는 그게 아무리 생각해도 납득이 가지 않는 듯, 업신여기는 듯한 표정을 보였다. 마치 프랑스 사람 주제에 나폴레옹을 모르고, 미국 사람 주제에 워싱턴을 모르는 것을 비웃는 듯한 말투로 냉소를 띠면서,

"잊었어? 아무튼 신분이 높은 분은 눈이 위쪽을 향하고 있으니까 말이야……."

"그런 게 아니에요……저는……." 나는 당황하여 일어섰다.

「それならね、お聞きなさいよ、迅ちゃん。あんた、金持ちになったでしょ。持ち運びだって、重くて不便ですよ。こんながらくた道具、邪魔だから、あたしにくれてしまいなさいよ。あたしたち貧乏人には、結構役に立ちますからね。」

「僕は金持ちじゃないよ。これを売って、その金で……。」

「おやおや、まあまあ、知事様になっても金持ちじゃない？ 現におめかけが三人もいて、お出ましは八人かきのかごで、それでも、金持ちじゃない？ ふん、だまそうたって[13]、そうはいきませんよ。」

返事のしようがないので、わたしは口を閉じたまま[14]立っていた。

- あんた 당신 = あなた
- 金持ち 부자
- 持ち運び 들어 나름
- がらくた 잡동사니, 허드레 물건
- 邪魔 거추장스러움, 방해
- 貧乏人 가난뱅이
- 結構 꽤, 상당히
- 役に立つ 도움이 되다
- おやおや 〈おや를 강조한 말로 놀람 · 의문 · 실망 등을 나타냄〉 어머어머
- 知事 지사
- 現に 실제로, 현재
- おめかけ 〈おは 미화어〉 첩 ↔ 本妻(ほんさい)
- お出まし 행차, 납심
- かく (두 사람 이상이) 메다 = かつぐ
- かご 가마
- ふん 불만 · 경시 등의 기분을 나타내는 콧소리, 흥
- だます 속이다
- 返事 대답
- しよう 할 도리, 수단, 방법
- 口を閉じる 입을 다물다

"그렇담 말이에요, 잘 들어요, 슌! 자네, 부자가 됐지요? 들어 나르는 것도 무거워서 불편하잖아요. 이런 잡동사니 세간, 거추장스러우니까 나한테 줘 버려요. 우리들 가난뱅이들에게는 꽤 쓸모가 있으니까 말이에요."

"나는 부자가 아니에요. 이걸 팔아서 그 돈으로……."

"어머어머, 하여간에, 지사님이 되고도 부자가 아니라고요? 지금 첩이 셋이나 있고, 행차 때는 여덟 사람이 메는 가마에다, 그래도 부자가 아니에요? 흥, 속이려 해도 그렇겐 안 되지요."

어떻게 대답해야 할지 몰라서 나는 입을 다문 채 서 있었다.

---

13 ～たって ～하려 하여도, ～해 보았자 [동사 た형, い형용사 어간く＋たって]

～ても[でも]의 회화체로 '～해도, ～라도'라는 뜻을 나타낸다.

逃げようたって逃がさないぞ。 도망치려 해도 놓치지 않을걸.

14 ～たまま ～한 채, ～인 채 [동사 た형＋まま]

동작이나 그 상태가 변함 없음을 나타낸다.

車の中に鍵(かぎ)を入れたままロックしてしまいました。
차 안에 열쇠를 넣어 둔 채 잠가 버렸습니다.

「ああ、ああ、金がたまれば財布のひもを締める。財布のひもを締めるからまたたまる……。」コンパスはふくれっつらで背を向けると、ぶつぶつ言いながら、ゆっくりした足どりで出ていった。行きがけの駄賃に母の手袋をズボンの下へねじ込んで。

その後、近所にいる親戚が何人も訪ねてきた。その応対に追われながら、暇をみて荷ごしらえをした。こんなことで四、五日つぶれた。

ある寒い日の午後、わたしは食後の茶でくつろいでいた。表に人の気配がしたので、ふり向いてみた。思わずあっと声が出かかった。急いで立ち上がって迎えた。

- □財布 지갑
- □ひも 끈
- □締める 죄다, (졸라)매다
- □たまる 돈이 모이다
- □ふくれっつら 부루퉁한 얼굴, 화난 얼굴
- □背を向ける 등을 돌리다
- □ぶつぶつ 투덜투덜
- □ゆっくりした 느릿느릿한
- □足どり 발걸음, 걸음걸이 = 足付(あしつ)き
- □行きがけの駄賃 빈 말로 가는 김에 실어다 주는 짐의 짐삯 〈어떤 일을 하는 김에 다른 일을 하는 것에 대한 비유를 나타냄〉
- □手袋 장갑
- □ねじ込む (좁은 곳에) 쑤셔 넣다, 틀어박다
- □近所 근처
- □訪ねる 찾아오다, 방문하다
- □応対 응대
- □追われる 〈追う의 수동형〉 쫓기다
- □荷ごしらえ 짐 꾸리기 = 荷造(にづく)り
- □つぶれる (시간이) 소비되다, 낭비되다
- □くつろぐ (근심 걱정을 잊고) 느긋하게 쉬다
- □表 (가옥 등의) 바깥, 집 밖
- □気配がする 기척이 나다
- □ふり向く 뒤돌아보다
- □思わず 나도 모르게, 무심코
- □出かかる (막) 나오려고 하다

"아아, 아아, 돈이 모이면 지갑 끈을 졸라맨다. 지갑 끈을 졸라매니 또 모인다……." 컴퍼스는 부루퉁한 얼굴로 등을 돌리고는 투덜투덜하면서 느릿느릿한 발걸음으로 나갔다. 나가는 김에 어머니 장갑을 바지 아래에 쑤셔 넣고.

그 후, 근처에 있는 친척이 몇 사람이나 찾아왔다. 그 응대에 쫓기면서 짬을 보아 짐을 꾸렸다. 이런 일로 4, 5일 소비됐다.

어느 추운 날 오후, 나는 식후에 차를 마시며 느긋하게 쉬고 있었다. 바깥에 인기척이 나서 뒤돌아봤다. 나도 모르게 앗! 하고 소리가 나오려 했다. 서둘러 일어나 맞이했다.

来た客(きゃく)は閏土である。一目(ひとめ)で閏土と分かったものの、その閏土は、わたしの記憶(きおく)にある閏土とは似(に)もつかなかった。背丈(せたけ)は倍(ばい)ほどになり、昔のつやのいい丸顔は、今では黄(き)ばんだ色(いろ)に変わり、しかも深(ふか)いしわが畳(たた)まれていた。目も、彼の父親がそうであったように、周(まわ)りが赤くはれている。わたしは知っている。海辺で耕作(こうさく)する者(もの)は、一日じゅう潮風(しおかぜ)に吹(ふ)かれるせいで、よくこうなる。頭(あたま)には古(ふる)ぼけた毛織りの帽子、身には薄手(うすで)の綿入(わたい)れ一枚(いちまい)、全身(ぜんしん)ぶるぶる震(ふる)えている。紙包(かみづつ)みと長いきせるを手に提(さ)げている。その手も、わたしの記憶にある血色(けっしょく)のいい、丸々(まるまる)とした手ではなく、太(ふと)い、節(ふし)くれだった、しかもひび割(わ)れた、松(まつ)の幹(みき)のような手である。

- □ 一目で 한눈에, 첫눈에
- □ 似もつかない 전혀 닮지 않다
- □ 背丈 키, 신장
- □ 黄ばむ 노래지다, 노란빛을 띠다
- □ しかも 더구나, 게다가
- □ しわ 주름
- □ 畳まれる 접히다〈畳む의 수동형〉
- □ 周り 주위
- □ はれる 붓다
- □ 潮風 갯바람
- □ 吹かれる (바람을) 맞다 〈吹く의 수동형〉
- □ 古ぼける 낡아서 바래다
- □ 薄手 (종이, 천 등이) 얇음, 얄팍함 ↔ 厚手(あつで) 두꺼움
- □ 綿入れ 솜옷
- □ ぶるぶる 추위 · 두려움으로 떠는 모양, 덜덜, 부들부들
- □ 震える (추위 · 두려움 등으로) 떨리다
- □ 紙包み 종이 꾸러미
- □ きせる 담뱃대
- □ 提げる 손에 들다
- □ 血色 혈색
- □ 丸々 통통하게 살찐 모양, 토실토실, 포동포동
- □ 節くれだつ 뼈마디가 울툭불툭하다
- □ ひび割れる 갈라지다, 트다
- □ 松 소나무
- □ 幹 줄기, 대

온 손님은 룬토이다. 한눈에 룬토라는 걸 알았지만, 그 룬토는 내 기억에 있는 룬토와는 조금도 닮은 데가 없었다. 키는 배 정도 되고, 옛날의 윤기 나는 둥근 얼굴은 지금은 누런빛으로 바뀌고, 더구나 깊은 주름이 잡혀 있었다. 눈도 그의 아버지가 그러했듯이 주위가 빨갛게 부어 있다. 나는 알고 있다. 해변에서 경작하는 사람은 하루 종일 갯바람을 맞는 탓에 곧잘 이렇게 된다. 머리에는 낡아서 바랜 모직 모자, 몸에는 얄팍한 솜옷 한 장, 온몸이 덜덜 떨리고 있다. 종이 꾸러미와 긴 담뱃대를 손에 들고 있다. 그 손도 내 기억에 있는 혈색 좋은 토실토실한 손이 아니라, 굵고 뼈마디가 울툭불툭한, 게다가 갈라진 소나무 줄기 같은 손이다.

---

15 ～ものの ～(이)지만

[동사・い형용사의 보통형, な형용사な・である, 명사である+ものの]

선행절의 내용에 대해 후행절에는 예측했던 일과는 다른 사실이 이어질 때 사용하는 표현이다.

車の免許(めんきょ)は持っているものの、ほとんど運転(うんてん)したことがない。
자동차 면허는 가지고 있지만, 거의 운전한 적이 없다.

わたしは感激(かんげき)で胸がいっぱいになり、しかしどう口をきいたものやら[16]思案(しあん)がつかぬままに、一言(ひとこと)、

「ああ閏ちゃん ── よく来たね……。」

続(つづ)いて言いたいことが、後から後から、数珠(じゅず)つなぎになって出かかった。角鶏(チアオチー)・跳ね魚・貝殻・猹……だがそれらは、何かでせき止(と)められたように、頭の中を駆(か)け巡(めぐ)るだけで、口からは出なかった。

彼は突(つ)っ立(た)ったままだった。喜(よろこ)びと寂(さび)しさの色が顔に表れた。唇が動(うご)いたが、声にはならなかった。最後(さいご)に、うやうやしい態度(たいど)に変わって、はっきりこう言った。

- □感激 감격
- □思案がつく 생각이 나다
- □一言 한 마디
- □後から後から 뒤이어, 연달아
- □数珠つなぎ 염주 꿰듯 줄줄이
- □せき止められる (흐름이) 막히다 〈せき止めるの 수동형〉
- □駆け巡る 뛰어다니다
- □突っ立つ 꼿꼿이 서다, 우뚝 서다
- □喜び 기쁨
- □寂しさ 허전함, 쓸쓸함, 적적함
- □表れる 나타나다
- □動く 움직이다
- □声にならない 목소리가 나오지 않다
- □最後 마지막, 최후↔最初(さいしょ) 처음, 최초
- □うやうやしい 정중하다, 공손하다
- □態度 태도
- □変わる 변하다, 바뀌다
- □はっきり 똑똑히, 분명히

나는 감격으로 가슴이 벅차올랐고, 그러나 어떻게 말을 했는지 생각이 나지 않는 채로 한마디,

"아아, 룬아 — 잘 왔어……."

계속해서 하고 싶은 말이 뒤이어 염주 꿰듯 줄줄이 묶여 나오려 했다. 뿔새 · 통통물고기 · 조개 껍데기 · 멧돼지……하지만 그것들은 무언가로 막힌 듯 머릿속을 뛰어 돌아다닐 뿐 입에서는 나오지 않았다.

그는 우뚝 선 채였다. 기쁨과 쓸쓸함의 빛이 얼굴에 나타났다. 입술이 움직였지만 목소리로는 나오지 않았다. 마지막에 정중한 태도로 바뀌어 똑똑히 이렇게 말했다.

---

16 ～ものやら ~인지 [동사 · い형용사의 보통형, な형용사な＋ものやら]

판단이나 태도가 명쾌하지 않을 때 사용하는 표현으로, 불확실함을 강조한다.

私としては、誰を信じて良いものやら分かりません。
저로서는 누구를 믿어야 좋을지 모르겠습니다.

「だんな様（さま）！……。」

わたしは身震（みぶる）いしたらしかった。悲（かな）しむべき[17]厚（あつ）い壁（かべ）が二人（ふたり）の間（あいだ）を隔（へだ）ててしまったのを感じた。わたしは、口がきけなかった。

彼は、後（うし）ろを向いて、「水生（シュイション）、だんな様におじぎしな。」と言って、彼の背に隠れていた子供を前へ出（だ）した。これぞまさしく三十年前の閏土であった。いくらかやせて、顔色（かおいろ）が悪（わる）く、銀の首輪もしていない違（ちが）いはあるけれども。

「これが五番（ごばん）めの子でございます。世間（せけん）へ出さぬものですから、おどおどしておりまして……。」

□ だんな様 하인이 주인을 부르는 말, 나리
□ 身震いする 몸서리치다
□ 悲しむ 슬퍼하다
□ 壁 벽
□ 隔てる 가로막다, 가리다
□ おじぎ 머리 숙여 인사함, 절함
□ ～な ~해라, ~하거라〈～なさい에서 さい가 생략된 형태〉
□ ～ぞ（これ, よく, つい 등의 말에 붙어 윗말을 강조하는 뜻을 나타냄）~이야말로
□ まさしく 정말이지, 틀림없이 ＝たしかに
□ いくらか 약간, 다소
□ やせる 야위다, 살이 빠지다 ↔ふとる 살찌다
□ 顔色 안색, 얼굴빛
□ 世間へ出さぬ 바깥출입을 하지 않다, 세상에 나오지 않다
□ おどおど 두렵거나 자신이 없어서 침착하지 못한 모양, 벌벌, 쭈뼛쭈뼛

"나리!……."

나는 몸서리를 친 것 같았다. 슬퍼해야 할 두꺼운 벽이 둘 사이를 가로막아 버렸다는 것을 느꼈다. 나는 말을 할 수 없었다.

그는 뒤를 향해, "슈이숀! 나리께 인사드려라!" 하고 말하며 그의 등에 숨어 있던 아이를 앞으로 끌어냈다. 이 애야말로 바로 30년 전의 룬토였다. 약간 야위고, 얼굴빛이 안 좋고, 은목걸이도 하고 있지 않은 차이는 있지만…….

"이 애가 다섯째 아들이옵니다. 바깥출입이 없는 녀석이다 보니 겁을 먹어서……."

---

17 ～べき (마땅히 그렇게) ～해야 할 [동사 기본형+べき]

사회의 일반적인 통념상 '~하는 것이 당연하다, 마땅하다'라는 뜻을 나타낸다.

交通事故(こうつうじこ)は、軽い事故の場合でも警察(けいさつ)に届(とど)けるべきである。 교통 사고는 가벼운 사고의 경우라도 경찰에 신고해야 한다.

母と宏児が二階(にかい)から降(お)りてきた。話(はな)し声(ごえ)を聞(き)きつけたのだろう。

「御隠居様(ごいんきょさま)、お手紙(てがみ)は早くにいただきました。全(まった)く、うれしくてたまりませんでした、だんな様がお帰りになると聞きまして……。」

と閏土は言った。

「まあ、なんだってそんな、他人行儀(たにんぎょうぎ)にするんだね。お前たち、昔は兄弟(きょうだい)の仲(なか)じゃないか。昔のように迅ちゃん、でいいんだよ。」と母はうれしそうに言った。

「めっそうな、御隠居様、なんとも……とんでもないことでございます。あのころは子供で、なんのわきまえもなく……。」

- □ 降りる (아래로) 내려오다
- □ 話し声 이야기 소리
- □ 聞きつける 우연히 들어서 알다
- □ 御隠居様 마님, 은퇴하여 노후를 안락하게 지내는 사람
- □ 早くに 일찍이
- □ 全く 정말이지, 참으로
- □ ～てたまらない ~하여 견딜 수 없다, ~하여 참을 수 없다
- □ なんだって (なんだといって의 변한말로) 어째서, 왜
- □ 他人行儀 (친한 사이인데도) 남남처럼 서먹서먹하게 대함
- □ ～そうに (동사 ます형, い·な형용사 어간에 붙어) ~한 듯(이)
- □ めっそうだ 당치도 않다, 터무니없다
- □ なんとも 정말이지
- □ とんでもない 당치도 않다
- □ わきまえ 변별, 분별, 이해

어머니와 혼루가 2층에서 내려왔다. 이야기 소리를 들어서 알았을 것이다.

"마님, 편지는 일찍이 받았사옵니다. 정말이지 기뻐서 견딜 수 없었습니다요, 나리께서 돌아오신다는 말을 듣고……."

하고 룬토는 말했다.

"어머, 왜 그런, 남남처럼 서먹서먹하게 그래? 너희들 옛날엔 형제 사이였잖아? 옛날처럼 슌아! 로 괜찮아." 하고 어머니는 기쁜 듯이 말했다.

"당치도 않으신, 마님, 정말이지……당치도 않으신 말씀이시옵니다. 그때는 아이였고, 아무 분별도 없어서……."

そしてまたも水生を前に出しておじぎさせようとしたが、子供ははにかんで、父親の背にしがみついたままだった。

「これが水生？ 五番めだね。知らない人ばかりだから、はにかむのも無理(むり)ない。宏児や、あちらで一緒(いっしょ)に遊(あそ)んでおやり。」と母は言った。

言われて宏児は、水生を誘(さそ)い、水生もうれしそうに、そろって出て行った。母は閏土に席(せき)を勧(すす)めた。彼はしばらくためらった後、ようやく腰を下(お)ろした。長ぎせるをテーブルに立てかけて、紙包みを差(さ)し出(だ)した。

- □ またも 또다시, 다시금
- □ ~(よ)うとする ~(하)려고 하다
- □ はにかむ 수줍어하다, 부끄러워하다
- □ しがみつく 달라붙다, 매달리다
- □ 無理 무리
- □ おやり 주렴 〈おやりなさい에서 なさい가 생략된 형태〉
- □ 言われる 듣다, (남으로부터) 말하여지다 〈言う의 수동형〉
- □ 誘う 불러내다
- □ そろう 함께 하다, 빠짐없이 모이다
- □ 席 자리
- □ 勧める 권하다
- □ しばらく 잠시, 잠깐
- □ ためらう 주저하다, 망설이다
- □ ようやく 겨우
- □ 腰を下ろす 엉덩이를 걸치다, 앉다
- □ 長ぎせる 긴 담뱃대
- □ 立てかける 기대어 세우다
- □ 差し出す 내밀다

그리고 또다시 슈이숀을 앞으로 끌어내어 인사시키려고 했지만, 아이는 수줍어하며 아버지 등에 달라붙은 채였다.

“이 애가 슈이숀? 다섯째지? 모르는 사람뿐이라 수줍어하는 것도 무리가 아니지. 혼루야! 저기서 함께 놀아 주렴.” 하고 어머니는 말했다.

그 말을 듣고 혼루는 슈이숀을 불러내고, 슈이숀도 기쁜 듯 함께 나갔다. 어머니는 룬토에게 자리를 권했다. 그는 잠시 주저한 후 겨우 엉덩이를 걸쳤다. 긴 담뱃대를 테이블에 기대어 세우고 종이 꾸러미를 내밀었다.

「冬場(ふゆば)は、ろくなものがございません。少しばかり、青豆(あおまめ)の干(ほ)したのですが、自分とこのですから、どうかだんな様に……。」

わたしは、暮らし向きについて尋(たず)ねた。彼は首(くび)を振(ふ)るばかりだった。

「とてもとても。今では六番(ろくばん)めの子も役に立ちますが、それでも追(お)っつけません……世間はぶっそうだし……どっちを向いても金は取られほうだい[18]、決(き)まりも何も……作柄(さくがら)もよくございません。作(つく)ったものを売りに行けば、何度(なんど)も税金(ぜいきん)を取られて、元(もと)は切(き)れるし、そうかといって売らなければ、腐(くさ)らせるばかりで……。」

- □ 冬場 겨울철
- □ ろくな 변변한
- □ 青豆 청대두
- □ 干す 말리다
- □ ～について ～에 관해서, ～에 대해서
- □ 尋ねる 묻다
- □ 首を振る 고개를 젓다
- □ とてもとても 너무나 너무나 〈とても를 강조한 말〉
- □ 追っつける 억지로 떠맡기다, 시키다
- □ ぶっそうだ 뒤숭숭하다, 위험스럽다
- □ 決まり 규칙, 규정
- □ 作柄 수확, 작황
- □ 作る 경작하다, 재배하다
- □ 税金 세금
- □ 元 밑천
- □ 切れる 떨어지다, 다 없어지다
- □ 腐らせる 썩히다, 썩게 하다 〈腐る의 사역형〉

"겨울철에는 변변한 것이 없사옵니다. 청대두 말린 것 조금이옵니다만, 쇤네네 것이오니 아무쪼록 나리께…….”

나는 살림살이에 대해 물었다. 그는 고개를 저을 뿐이었다.

"정말 도저히. 지금은 여섯째 아이도 쓸모가 있기는 하지만, 그래도 억지로 시킬 수가 없습니다……세상은 뒤숭숭하고……어디를 봐도 돈은 뺏기기만 할 뿐, 규정이고 뭐고……수확도 좋지 않사옵니다. 재배한 걸 팔러 가면 몇 번이나 세금을 떼이고, 밑천은 떨어지고, 그렇다고 해서 팔지 않으면 썩힐 뿐이고…….”

18 ~ほうだい 실컷 ~함, 마음대로 ~함 [동사 ます형, ~たい+ほうだい]

어떤 동작을 의지대로 마음껏 행하는 것을 나타낸다.

飲み放題 마시고 싶은 만큼 마음껏 마시기
食べ放題 먹고 싶은 만큼 마음껏 먹기

首を振りどおし[19]である。顔にはたくさんのしわが畳まれているが、まるで石像(せきぞう)のように、そのしわは少しも動かなかった。苦(くる)しみを感じはしても、それを言い表(あらわ)すすべがないように、しばらく沈黙(ちんもく)し、それからきせるを取(と)り上(あ)げて、黙々(もくもく)とたばこをふかした。

母が都合(つごう)を聞くと、家に用(よう)が多いから、明日は帰らねばならぬと言う。それに昼飯(ひるめし)もまだと言うので、自分で台所へ行って、飯をいためて食(た)べるように勧めた。

- □ 石像 석상, 석조 =石造(いしづく)り
- □ 苦しみ 고통
- □ 言い表す 말로 표현하다
- □ すべ 방법, 수단
- □ 沈黙 침묵
- □ 取り上げる 집어 들다
- □ 黙々と 묵묵히
- □ たばこをふかす 담배를 피우다
- □ 都合 형편, 사정
- □ 用 일, 볼일 =用事(ようじ)
- □ 昼飯 점심
- □ 飯 밥
- □ いためる 볶다

고개를 흔들기만 할 뿐이다. 얼굴에는 많은 주름이 잡혀 있지만, 마치 석상처럼 그 주름은 조금도 움직이지 않았다. 고통을 느끼기는 해도 그것을 말로 표현할 방법이 없는 듯 잠시 침묵하고, 그러고 나서 담뱃대를 집어 들고 묵묵히 담배를 피웠다.

어머니가 형편을 묻자 집에 일이 많아서 내일은 돌아가야 한다고 한다. 게다가 점심도 아직이라고 해서, 직접 부엌에 가서 밥을 볶아 먹도록 권했다.

---

19 ～どおし ~(하)는 줄곧, ~(하)는 내내 [동사 ます형+どおし]

어느 기간 동안 동일한 동작이나 상태가 계속됨을 나타낸다.

わがチームは、最初は3回ほど連続(れんぞく)して勝ちましたが、その後は負(ま)けどおしでした。

우리 팀은 처음에는 3회 정도 연속해서 이겼습니다만, 그 뒤로는 내내 졌습니다.

彼が出ていった後、母とわたしとは彼の境遇(きょうぐう)を思ってため息(いき)をついた。子だくさん、凶作(きょうさく)、重い税金、兵隊(へいたい)、匪賊(ひぞく)、役人(やくにん)、地主(じぬし)、みんな寄(よ)ってたかって彼をいじめて、でくのぼうみたいな人間(にんげん)にしてしまったのだ。母は、持っていかぬ品物(しなもの)はみんなくれてやろう、好きなように選(えら)ばせよう、とわたしに言った。

午後、彼は品物を選(えら)び出(だ)した。長(なが)テーブル二個(にこ)、いす四脚(よんきゃく)、香炉(こうろ)と燭台(しょくだい)一組(ひとくみ)、大(おお)ばかり一本(いっぽん)。そのほかわら灰(ばい)もみんな欲(ほ)しいと言った。(わたしのところでは、炊事(すいじ)の時わらを燃(も)やす。その灰は砂地の肥料(ひりょう)になる。)わたしたちが旅立(たびだ)つ時来て船で運(はこ)ぶと言った。

- □境遇 처지, 환경
- □ため息をつく 한숨을 쉬다
- □子だくさん 자식이 많음
- □凶作 흉작
- □兵隊 군대
- □匪賊 떼도둑
- □寄る 모이다 = 集(あつ)まる
- □役人 관리, 공무원
- □地主 지주
- □寄ってたかって 많은 사람이 모여들어
- □いじめる 괴롭히다
- □でくのぼう 목각 인형, 망석중이
- □品物 물건
- □選ばせる 고르게 하다 〈選ぶ의 사역형〉
- □選び出す 골라내다
- □長テーブル 긴 테이블
- □～脚 다리가 달린 도구를 세는 말
- □香炉 향로
- □燭台 촛대
- □一組 한 벌
- □大ばかり 큰 대저울 〈저울 중심에 멜대를 걸어 두 사람이 한 번에 수백 근씩 메어 달 수 있음〉
- □わら灰 짚을 태운 재
- □炊事 취사, 밥을 지음
- □燃す 불태우다
- □灰 재
- □肥料 비료
- □旅立つ 여행을 떠나다, 여행길에 오르다
- □運ぶ 나르다, 운반하다

그가 나간 후, 어머니와 나는 그의 처지를 생각하며 한숨을 쉬었다. 많은 자식, 흉작, 무거운 세금, 군대, 떼도둑, 관리, 지주, 모두 여러 사람이 합세하여 그를 괴롭혀 목각 인형 같은 인간으로 만들어 버린 것이다. 어머니는 갖고 가지 않는 물건은 모두 주어 버리자, 맘대로 고르게 하자, 하고 내게 말했다.

오후에 그는 물건을 골라냈다. 긴 테이블 두 개, 의자 네 개, 향로와 촛대 한 벌, 큰 저울 한 개. 그 밖에 짚을 태운 재도 모두 갖고 싶다고 했다. (내 고향에서는 밥을 지을 때 짚을 태운다. 그 재는 모래땅의 비료가 된다.) 우리들이 떠날 때 와서 배로 나르겠노라고 했다.

夜はまた世間話(せけんばなし)をした。とりとめのない話ばかりだった。明くる日の朝、彼は水生を連(つ)れて帰っていった。

それからまた九日(ここのか)して、わたしたちの旅立(たびだ)ちの日になった。閏土は朝から来ていた。水生は連れずに、五歳になる女の子に船の番をさせていた。それぞれに一日じゅう忙(いそが)しくて、もう話をする暇(ひま)はなかった。客も多かった。見送(みおく)りに来る者、品物を取りに来る者、見送りがてら[20]品物を取りに来る者。夕方(ゆうがた)になって、わたしたちが船に乗(の)り込(こ)むころには、この古い家にあった大小(だいしょう)さまざまのがらくた類(るい)は、すっかりかたづいていた。

□ 世間話 세상 이야기
□ とりとめのない 종잡을 수 없다, 두서 없다
□ 見送る 배웅하다 ↔ 出迎(でむか)える 마중하다
□ 取る 취하다, 가져오다
□ ~にくる ~(하)러 오다
□ 者(もの) 자, 사람
□ 夕方 저녁때, 해질녘
□ 乗り込む 올라타다
□ 大小 크고 작은, 대소
□ すっかり 완전히, 말끔히
□ かたづく 정리되다, 처리되다

밤에는 또 세상 이야기를 했다. 종잡을 수 없는 이야기뿐이었다. 다음날 아침, 그는 슈이숀을 데리고 돌아갔다.

그러고 나서 다시 9일 지나 우리들이 떠나는 날이 되었다. 룬토는 아침부터 와 있었다. 슈이숀은 데려오지 않고 다섯 살배기 여자 아이에게 배 망을 보게 하고 있었다. 저마다 하루 종일 바빠서 더 이상 이야기를 할 틈은 없었다. 손님도 많았다. 배웅하러 오는 사람, 물건을 가지러 오는 사람, 배웅 겸 물건을 가지러 오는 사람. 저녁때가 되어 우리들이 배에 올라탈 무렵에는 이 낡은 집에 있었던 크고 작은 여러 가지 잡동사니 종류는 완전히 치워져 있었다.

---

20 ～がてら ～(하)는 김에, ～겸하여 [동사 ます형, 명사+がてら]

앞의 일을 하는 시간을 사용해서 뒤의 일을 한다는 의미로, 앞의 일이 주가 된다.

何か飲み物を買いがてら、ちょっと遠回(とおまわ)りして散歩(さんぽ)をした。
뭔가 마실 것을 살 겸, 좀 멀리 돌아서 산책을 했다.

船はひたすら前進(ぜんしん)した。両岸(りょうがん)の緑の山々(やまやま)は、たそがれの中で薄墨色(うすずみいろ)に変わり、次々(つぎつぎ)と船尾(せんび)に消(き)えた。

わたしと一緒に窓辺(まどべ)にもたれて、暮(く)れてゆく外の景色(けしき)を眺(なが)めていた宏児が、ふと問(と)いかけた。

「おじさん、僕たち、いつ帰ってくるの？」

「帰ってくる？　どうしてまた、行きもしないうちに[21]、帰るなんて考(かんが)えたんだい？」

「だって、水生が僕に、家へ遊びに来いって[22]。」

大きな黒(くろ)い目を見張(みは)って、彼はじっと考(かんが)え込(こ)んでいた。

□ ひたすら 오로지, 한결같이
□ 前進 전진
□ 両岸 양쪽 기슭
□ たそがれ 황혼, 해질 무렵 = 夕暮(ゆうぐ)れ
□ 薄墨色 묽은 먹빛, 거무스름한 빛깔
□ 次々と 점차로
□ 船尾 선미, 배 뒷부분
□ 消える 사라지다
□ 窓辺 창가
□ もたれる 기대다, 의지하다 = よりかかる
□ 暮れる (날이) 저물다
□ 景色 경치
□ 問いかける 묻다, 질문을 던지다
□ ~なんて ~라는 걸, ~라느니 하는
□ だって 그렇지만, 하지만, 그런데
□ 見張る 〈놀라서〉 눈을 크게 뜨고 보다
□ じっと 가만히
□ 考え込む 생각에 잠기다

배는 오로지 전진했다. 양쪽 기슭의 녹색 산들은 황혼 속에서 거무스름한 색으로 바뀌어 점차로 배 뒷부분으로 사라졌다.

나와 함께 창가에 기대어 저물어 가는 바깥 경치를 바라보고 있던 혼루가 갑자기 물었다.

"삼촌, 우리, 언제 돌아와?"

"돌아와? 어째서 또, 가지도 않았는데 돌아오느니 하는 생각을 했니?"

"왜냐하면 슈이숀이 나한테 자기 집에 놀러 오래."

커다란 검은 눈을 크게 뜨고 보면서 그는 가만히 생각에 잠겨 있었다.

---

21 ～ないうちに ～(하)기 전에 [동사 ない형+ないうちに]

'~하지 않는 상태가 계속되고 있는 그 사이에 어떤 행위를 하다'는 뜻을 나타낸다.

雨が降らないうちに、早く家に帰りましょう。
비가 내리기 전에 빨리 집에 돌아갑시다.

22 ～って ～래 [동사·い형용사의 보통형, な형용사, 명사+って]

남에게 들은 이야기나 정보를 전달하는 전문을 나타낸다.

あのお店、とてもおいしいって。 그 가게 아주 맛있대.

わたしも、わたしの母も、はっと胸をつかれた。そして話がまた閏土のことに戻(もど)った。母はこう語(かた)った。例(れい)の豆腐屋小町の楊おばさんは、わたしの家でかたづけが始(はじ)まってから、毎日(まいにち)必(かなら)ずやって来たが、おととい、灰の山から、わんや皿(さら)を十(じゅっ)個(こ)余(あま)り掘(ほ)り出(だ)した。あれこれ議論(ぎろん)の末(すえ)、それは閏土が埋(う)めておいたに違いない、灰を運ぶ時、一緒に持ち帰れるから、という結論(けつろん)になった。楊おばさんは、この発見(はっけん)を手柄顔(てがらがお)に、「犬(いぬ)じらし」(これはわたしたちの所で鶏(にわとり)を飼(か)うのに使(つか)う。木(き)の板(いた)にさくを取(と)り付(つ)けた道具で、中に食(た)べ物(もの)を入れておくと、鶏は首(くび)を伸(の)ばしてついばむことができるが、犬にはできないので、見てじれるだけである。)をつかんで飛(と)ぶように走(はし)り去(さ)った。纏足用(てんそくよう)の底(そこ)の高(たか)い靴(くつ)で、よくもと思うほど速(はや)かったそうだ。

나도 내 어머니도 깜짝 놀랐다. 그리고 이야기가 다시 룬토에게로 돌아갔다. 어머니는 이렇게 말했다. 예의 그 두부 가게 양 아줌마는 우리 집에서 짐 정리가 시작되고 나서 매일 반드시 찾아왔는데, 그저께, 잿더미에서 그릇이랑 접시를 열 개 남짓 파냈다. 이런저런 논의 끝에, 그것은 룬토가 파묻어 두었음에 틀림없다, 재를 나를 때 같이 가져갈 수 있으니까, 하는 결론에 이르렀다. 양 아줌마는 이 발견을 공을 세운 듯한 자랑스런 얼굴로 '강아지 울책'(이것은 우리 고향에서 닭을 키우는 데 사용한다. 나무판에 울타리를 붙인 도구로, 안에 음식을 넣어 두면 닭은 목을 늘여 쪼아 먹을 수 있는데, 개는 불가능해서 보고 조바심 낼 뿐이다.)을 움켜쥐고 날듯이 달려갔다. 전족용의 바닥이 높은 신발로, 용케도 라고 생각할 정도로 빨랐다고 한다.

- □ はっと 뜻밖의 일로 놀라는 모양, 깜짝
- □ 胸をつかれる 깜짝 놀라다
- □ 語る 말하다, 이야기하다
- □ 例の 예의, 여느 때와 같은
- □ かたづけ 정리, 정돈, 치움
- □ 必ず 반드시, 꼭
- □ 灰の山 잿더미
- □ わん 그릇
- □ 皿 접시
- □ ~余り ~남짓
- □ 掘り出す 파내다
- □ あれこれ 이것저것, 여러 가지로
- □ 議論の末 논의한 끝
- □ 埋める 파묻다
- □ 持ち帰れる 가지고 갈 수 있다 〈持ち帰る의 가능형〉
- □ 結論 결론
- □ 発見 발견
- □ 手柄顔 공을 자랑하는 듯한 얼굴
- □ 犬じらし 강아지 울책 〈じらす 약올리다, 초조하게 하다〉
- □ 飼う 키우다, 기르다
- □ 木の板 나무판
- □ さく 울타리, 울책
- □ 取り付ける 붙이다, 장치하다
- □ 首を伸ばす 목을 늘이다, 목을 빼다
- □ ついばむ 쪼아 먹다, 쪼다
- □ ~ことができる (동사 기본형에 붙어) ~할 수 있다
- □ じれる 조바심 내다, 초조해하다
- □ つかむ 움켜쥐다, 붙잡다
- □ 走り去る 달려가다
- □ 纏足用 전족용
- □ よくも 용케도
- □ ~そうだ (동사・형용사의 보통형, 명사だ에 붙어 전문을 나타냄) ~라고 한다

古い家はますます遠くなり、故郷の山や水もますます遠くなる。だが名残惜(なごりお)しい気(き)はしない。自分の周(まわ)りに目に見(み)えぬ高い壁があって、その中に自分だけ取(と)り残(のこ)されたように、気がめいるだけである。すいか畑(ばたけ)の銀の首輪の小英雄(しょうえいゆう)の面影(おもかげ)は、もとは鮮明(せんめい)このうえなかったのだが、今では急(きゅう)にぼんやりしてしまった。これもたまらなく悲(かな)しい。

母と宏児とは寝入(ねい)った。

- □ 名残惜しい (헤어지기) 섭섭하다, (이별이) 아쉽다
- □ 取り残される 남겨지다 〈取り残す의 수동형〉
- □ 気がめいる 기분이 우울해지다
- □ すいか畑 수박 밭
- □ 小英雄 작은 영웅
- □ 面影 (기억 속에 떠오르는) 옛 모습
- □ もと 이전, 옛날
- □ 鮮明 선명
- □ このうえない 더할 나위 없다, 최상이다
- □ 急(きゅう)に 갑자기
- □ ぼんやり 뚜렷하지 않은 모양, 어렴풋이
- □ たまらない 참을 수 없다, 견딜 수 없다
- □ 寝入る 잠들다

옛집은 점점 더 멀어지고 고향의 산이랑 물도 점점 멀어진다. 하지만 헤어지기 아쉬운 기분은 들지 않는다. 내 주위에 눈에 보이지 않는 높은 벽이 있고, 그 안에 나만 남겨진 것처럼 기분이 우울해질 뿐이다. 수박 밭의 은목걸이를 한 작은 영웅의 옛 모습은 옛날에는 선명하기 이를 데 없었지만, 지금은 갑자기 희미해져 버렸다. 이것도 견딜 수 없이 슬프다.

어머니와 훙르는 잠이 들었다.

わたしも横(よこ)になって、船の底に水のぶつかる音を聞きながら、今、自分は、自分の道(みち)を歩いていると分かった。思えばわたしと閏土との距離(きょり)は全(まった)く遠くなったが、若(わか)い世代(せだい)は今でも心が通(かよ)い合(あ)い、現に宏児は水生のことを慕(した)っている。せめて彼らだけは、わたしと違って、互(たが)いに隔絶(かくぜつ)することのないように……とはいっても、彼らが一つ心でいたいがために[23]、わたしのように、無駄(むだ)の積(つ)み重(かさ)ねで魂(たましい)をすり減(へ)らす生活(せいかつ)を共(とも)にすることは願(ねが)わない。また閏土のように、うちひしがれて心が麻痺(まひ)する生活を共にすることも願わない。また他(ほか)の人(ひと)のように、やけを起(お)こして野放図(のほうず)に走る生活を共にすることも願わない。希望(きぼう)をいえば、彼らは新(あたら)しい生活を持たなくてはならない。わたしたちの経験(けいけん)しなかった新(あたら)しい生活を。

- □ 横になる 눕다
- □ ぶつかる 부딪치다
- □ 距離 거리
- □ 全く 완전히, 아주, 전적으로
- □ 世代 세대
- □ 通い合う 서로 통하다, 상통하다
- □ 慕う 그리워하다, 사모하다
- □ せめて 적어도
- □ 互いに 서로
- □ 隔絶 멀리 떨어짐, 동떨어짐
- □ 一つ心 한마음
- □ 無駄 쓸데없음, 헛됨
- □ 積み重ね 계속 쌓음, 점차 늘려 감
- □ 魂 영혼
- □ すり減らす (문질러) 닳게 하다, 소모시키다
- □ 共にする 함께하다
- □ うちひしがれる 풀이 죽다, 기가 꺾이다 〈うちひしぐ의 수동형〉
- □ 麻痺 마비
- □ やけを起こす 자포자기하다
- □ 野放図 제멋대로임, 방자함, 방약무인
- □ 希望 희망
- □ 経験 경험

나도 누워 배 바닥에 물이 부딪히는 소리를 들으며, 지금 나는, 나의 길을 걷고 있다는 것을 알았다. 생각하면 나와 룬토와의 거리는 완전히 멀어졌지만, 젊은 세대는 지금도 마음이 서로 통하고, 실제로 혼루는 슈이숀을 그리워하고 있다. 적어도 그 애들만은 나와 달리 서로 멀리 떨어지는 일이 없도록……그렇다고는 해도, 그 애들이 한마음으로 있고 싶다고 해서, 나처럼 쓸데없는 것을 계속 쌓느라 영혼을 소모시키는 생활을 함께하는 것은 바라지 않는다. 또 룬토처럼 풀이 죽어 마음이 마비되는 생활을 함께하는 것도 바라지 않는다. 또, 다른 사람처럼 자포자기하여 방약무인으로 치닫는 생활을 함께하는 것도 바라지 않는다. 희망을 말하자면, 그들은 새로운 생활을 갖지 않으면 안 된다. 우리들이 경험하지 않았던 새로운 생활을.

---

23 ～がために ～를 위해서

[동사 기본형(긍정, 부정) · 과거형, ～たい, 명사+がために]

문어적인 표현으로 목적을 나타낸다.

誰がために鐘(かね)は鳴(な)る。 누구를 위하여 종은 울리나!

希望という考えが浮(う)かんだので、わたしはどきっとした。確(たし)か閏土が香炉と燭台を所望(しょもう)した時、わたしは相変(あいか)わらずの偶像崇拝(ぐうぞうすうはい)だな、いつになったら忘れるつもりかと、心ひそかに彼のことを笑(わら)ったものだが、今わたしのいう希望も、やはり手製(てせい)の偶像に過(す)ぎぬのではないか。ただ彼の望(のぞ)むものはすぐ手に入(はい)り、わたしの望むものは手に入りにくいだけだ。

まどろみかけたわたしの目に、海辺の広(ひろ)い緑の砂地が浮かんでくる。その上(うえ)の紺碧の空には、金色の丸い月が懸かっている。思うに希望とは、もともとあるものともいえぬし、ないものともいえない。それは地上(ちじょう)の道(みち)のようなものである。もともと地上には道はない。歩く人が多くなれば、それが道になるのだ。

- □ 浮かぶ 생각나다, 머릿속에 떠오르다
- □ どきっとする (가슴이) 뜨끔하다
- □ 確か 확실히, 분명히
- □ 所望 소망, 바라는 바
- □ 相変わらず 변함없이, 여전히
- □ 偶像崇拝 우상 숭배
- □ ～つもり ~생각, ~작정, ~셈
- □ 心ひそかに (마음속으로) 남몰래, 은근히
- □ 手製 수제, 손으로 만듦
- □ ～に過ぎぬ ~에 지나지 않다, ~에 불과하다 = ～に過ぎない
- □ 望む 바라다, 원하다
- □ 手に入る 손에 들어오다, 입수하다
- □ まどろむ 잠시 졸다, 겉잠 들다
- □ ～かける (동사 ます형에 붙어) ~(하)다 말다, ~(하)기 시작하다 〈食べかけたお菓子(かし) 먹다 만 과자〉
- □ 思うに 생각건대, 생각해 보니
- □ もともと 원래
- □ 地上 지상

희망이라는 생각이 떠올라서 나는 뜨끔했다. 확실히 룬토가 향로와 촛대를 갖고 싶어했을 때, 나는 변함없는 우상 숭배구만, 언제가 되어야 잊을 셈인가, 하고 남몰래 그를 비웃었었는데, 지금 내가 말하는 희망도 역시 손수 만든 우상에 불과한 것은 아닐까. 단지 그가 바라는 것은 바로 손에 들어오고, 내가 바라는 것은 손에 들어오기 어려울 뿐이다.

깜빡 졸다 만 내 눈에 해변의 넓은 녹색 모래땅이 떠올랐다. 그 위의 검푸른 하늘에는 금색의 둥근 달이 걸려 있다. 생각건대 희망이라는 것은 원래 있는 것이라고도 할 수 없고, 없는 것이라고도 할 수 없다. 그것은 땅 위의 길과 같은 것이다. 원래 지상에는 길은 없다. 걷는 사람이 많아지면, 그것이 길이 되는 것이다.

握手

井上ひさし

上野公園に古くからある西洋料理店へ、ルロイ修道士は時間どおりにやって来た。桜の花はもうとうに散って、葉桜にはまだ間があって、そのうえ動物園はお休みで、店の中は気の毒になるぐらいすいている。いすから立って手を振って居所を知らせると、ルロイ修道士は、

「呼び出したりしてすみませんね。」

と達者な日本語で声をかけながら、こっちへ寄ってきた。

악수

이노우에 히사시

우에노 공원에 옛날부터 있는 서양 음식점으로 르로이 신부는 시간에 맞춰 왔다. 벚꽃은 이미 다 지고 새잎이 나기에는 아직 일렀으며, 게다가 동물원은 쉬는 날이라서 가게 안은 가엾으리만치 비어 있다. 의자에서 일어나 손을 흔들어 있는 곳을 알리자 르로이 신부는,

"불러내서 미안해요."

라고 유창한 일본어로 말을 걸면서 이쪽으로 다가왔다.

- □ 握手 악수
- □ 上野公園 일본 토쿄에 있는 큰 공원으로, 동물원, 국립박물관, 국립서양미술관 등이 있음
- □ 古く 옛날, 오랜 옛적
- □ 西洋料理 서양 요리
- □ 修道士 신부, 수사, 수도사
- □ ～どおり ~대로, ~에 맞추어 ＝とおり
- □ 桜の花 벚꽃
- □ とうに 벌써, 이미 ＝とっくに
- □ 散る (꽃이나 잎이) 지다, 떨어지다
- □ 葉桜 꽃이 지고 새잎이 날 무렵의 벚나무
- □ 間がある 짬이 있다
- □ そのうえ 게다가
- □ お休み 쉼, 휴일, 휴관
- □ 気の毒 가엾음, 딱함
- □ すく (속이) 비다
- □ 振る (몸의 어떤 부위를) 흔들다, 움직이다
- □ 居所 있는 곳, 거처
- □ 呼び出す 불러내다
- □ ～たり (동사의 た형에 붙어서) ~거나
- □ 達者だ 유창하다, 능숙하다
- □ 声をかける 말을 걸다, 말을 붙이다
- □ 寄ってくる 다가오다

ルロイ修道士が日本の土(つち)を踏(ふ)んだのは第二次大戦直前(だいにじたいせんちょくぜん)の昭和(しょうわ)*十五年(じゅうごねん)の春(はる)、それからずっと日本暮(ぐ)らしだから、彼の日本語には年季(ねんき)が入(はい)っている。

「今度故郷(こんどくに)へ帰(かえ)ることになりました。カナダの本部修道院(ほんぶしゅうどういん)で畑(はたけ)いじりでもしてのんびり暮(く)らしましょう。さよならを言(い)うために、こうして皆(みな)さんに会(あ)って回(まわ)っているんですよ。しばらくでした。」

□ 踏む 밟다, 디디다
□ 大戦 대전, 특히 세계 대전
□ 直前 직전
□ それから 그 다음에, 그리고(또), 그러고 나서
□ ずっと 쭉, 줄곧, 계속
□ ～暮らし ~생활
□ 年季が入っている (오랫동안 같은 일에 종사하여) 솜씨가 숙달되어 있다
□ ～ことになる ~하게 되다
□ カナダ(Canada) 캐나다
□ 本部 본부
□ 修道院 수도원
□ 畑 밭
□ いじり 손질함, (취미삼아) 손 댐
□ のんびり 느긋하게, 한가하게
□ 暮らす 살(아가)다, 지내다
□ ～ましょう (완곡한 단정) ~할 것입니다
□ さよならを言う 작별 인사를 하다, 작별을 고하다
□ こうして 이렇게, 이와 같이
□ 回る (차례로) 돌다, 돌아다니다 〈回す 돌리다〉
□ ～んです ~한 것이다, ~인 것이다 〈～のです의 회화체〉
□ ～よ (문장 끝에 붙어) 상대에게 알리거나, 강조할 때 쓰임
□ しばらく 오랜만, 오래간만

르로이 신부가 일본 땅을 밟은 것은 제2차세계대전 직전인 1940년 봄, 그 후 줄곧 일본에서 살고 있어서 그의 일본어는 능숙했다.

"이번에 고향에 돌아가게 되었습니다. 캐나다의 본부 수도원에서 밭 손질이라도 하며 느긋하게 살려구요. 작별 인사를 하기 위해 이렇게 여러분을 만나러 다니고 있는 겁니다. 오래간만입니다."

*** 昭和**

일본 쇼와(昭和) 천황이 재임 중이던 1926년부터 1989년까지의 일본 연호로, 쇼와 15년은 1940년이 된다.

明治(めいじ、1868～1912)→大正(たいしょう、1912～1926)
→昭和(しょうわ、1926～1989)→平成(へいせい、1989～)

ルロイ修道士は大きな手を差し出してきた。その手を見て思わず顔をしかめたのは、光ヶ丘天使園の子供たちの間でささやかれていた「天使の十戒」を頭に浮かべたせいである。中学三年の秋から高校を卒業するまでの三年半、わたしはルロイ修道士が園長を務める児童養護施設の厄介になっていたが、そこには幾つかの「べからず[1]集」があった。子供の考え出したものであるから、別にたいしたべからず集ではなく、「朝のうちに[2]弁当を使うべからず。(見つかると、次の日の弁当がもらえなくなるから)」、「朝晩の食事は静かに食うべからず。

- 差し出す 내밀다
- 思わず 엉겁결에, 무의식 중에, 무심코
- しかめる 찡그리다, 찌푸리다
- ささやかれる 속삭여지다 〈ささやく의 수동형〉
- 浮かべる (생각을) 떠올리다, 생각해 내다, 띄우다
- 園長 원장
- 務める 맡다, 역할을 하다
- 児童養護施設 아동 양호 시설
- 厄介 귀찮음, 번거로움
- 考え出す 생각해 내다
- 別に 특별히, 각별히
- 弁当 도시락
- たいした 대단한, 엄청난
- 見つかる 발견되다
- 朝晩 아침 저녁
- 食う 먹다 〈食べる보다 거친 말〉

르로이 신부는 커다란 손을 내밀어 왔다. 그 손을 보며 나도 모르게 얼굴을 찡그린 것은 히카리가오카 천사원 아이들 사이에서 몰래 전해지고 있던 '천사의 십계'를 머리에 떠올린 탓이다. 중학교 3학년 가을부터 고등학교를 졸업할 때까지의 3년 반, 나는 르로이 신부가 원장을 맡고 있는 아동 양호 시설의 신세를 지고 있었는데, 거기에는 몇 가지인가의 『금지 모음집』이 있었다. 아이들이 생각해 낸 것이라서 특별히 대단한 금지 모음집은 아니고, '아침 동안에 도시락을 먹지 말 것. (들키면 다음날 도시락을 받을 수 없게 되니까)', '아침 저녁 식사는 조용히 먹지 말 것.

1 **~べからず ~해서는 안 된다, ~하지 말라** [동사 기본형+べからず]

개인적인 판단이 아니라 사회 통념상 허락되지 않는 금지를 나타낸다.

初心(しょしん)忘れるべからず。 초심을 잊어서는 안 된다.

2 **~うちに ~동안, ~중** [동사ている, 명사の+うちに]

'어떤 범위 내에서나 상태 사이에서 ~하다'라는 뜻을 나타낸다.

歌を何回も聞いているうちに、いつの間にか覚えるようになった。
노래를 몇 번이고 듣고 있는 동안에 어느새 외우게 되었다.

(ルロイ先生は、園児がにぎやかに食事をしているのを見るのが好きだから)」、「洗濯場の手伝いは断るべからず。(洗濯場主任のマイケル先生は気前がいいから、きっとバター付きパンをくれるぞ)」といった式の無邪気な代物で、その中に、「ルロイ先生とうっかり握手をすべからず。(二、三日鉛筆が握れなくなっても知らないよ)」というのがあったのを思い出して、それで少しばかり身構えたのだ。この「天使の十戒」が、さらにわたしの記憶の底から、天使園に収容されたときの光景をひっぱり出した。

- 園児 원아
- 洗濯場 세탁장
- 手伝い 돕기
- 断る 거절하다, 사절하다
- 主任 주임
- 気前がいい 무엇이든지 아끼지 않고 시원스럽게 잘 쓰다
- きっと 꼭, 반드시
- バター(butter) 버터
- ~付き (명사에 붙어) ~를(을) 붙여 놓음 〈여기서는 '빵에 ~를(을) 바른'의 의미로 쓰임〉
- ~ぞ (대등하거나 손아랫사람에게 대하여 남자가) 자신의 생각을 강하게 주장함을 나타냄
- 無邪気 천진난만함, 악의가 없음
- 代物 물건
- うっかり 깜빡, 무심코
- 握れる 쥘 수 있다 〈握るの 가능형〉
- 思い出す 떠올리다, 생각해내다
- 少しばかり 조금만
- 身構える (공격이나 방어를 위한) 자세를 취하다
- さらに 다시금, 거듭 = 重(かさ)ねて
- 収容される 수용되다
- 光景 광경
- ひっぱり出す 끄집어내다, 꺼내다

(르로이 선생님은 원아들이 떠들썩하게 식사하고 있는 것을 보는 것을 좋아하니까)', '세탁장 돕기는 거절하지 말 것. (세탁장 주인인 마이클 선생님은 마음씀씀이가 시원시원하니까 반드시 버터 바른 빵을 줄 거야)'라는 식의 천진난만한 것으로, 그 안에, '르로이 선생님과 깜빡하고 악수를 하지 말 것. (2,3일 연필을 쥘 수 없게 되어도 몰라)'라는 것이 있었던 것을 떠올리고, 그래서 조금 그런 자세를 취했던 것이다. 이 '천사의 십계'가 다시금 내 기억의 밑바닥으로부터 천사원에 수용되었을 때의 광경을 끄집어냈다.

ふろしき包(づつ)みを抱(かか)えて園長室(えんちょうしつ)に入(はい)っていったわたしを、ルロイ修道士は机越(つくえご)し*に握手で迎(むか)えて、

「ただいまから、ここがあなたの家(いえ)です。もう、なんの心配(しんぱい)もいりませんよ。」

と言(い)ってくれたが、彼の握力(あくりょく)は万力(まんりき)よりも強(つよ)く、しかも腕(うで)を勢(いきお)いよく上下(じょうげ)させるものだから、こっちのひじが机の上(うえ)に立(た)ててあった聖人伝(せいじんでん)にぶつかって、腕がしびれた。

- □ ふろしき包み 보자기에 싼 것, 보퉁이
- □ 抱える 안다, 껴안다
- □ 机越し 책상 너머
- □ ただいま 지금, 현재
- □ なんの 아무, 어떤
- □ いる(要る) 필요하다
- □ 握力 악력, 쥐는 힘
- □ 万力 바이스, 공작 작업 등에서 재료를 끼워 움직이지 않게 고정시키는 기구 = バイス<vise>
- □ ～より ~보다
- □ しかも 그 위에, 더구나, 게다가
- □ 腕 팔
- □ 勢いよく 힘차게
- □ 上下させる 위아래로 흔들다
- □ ～ものだから ~(하)기 때문에, ~때문에
- □ ひじ 팔꿈치
- □ 立てる 세우다
- □ 聖人伝 성인전
- □ ぶつかる 부딪치다
- □ しびれる 저리다, 마비되다

보퉁이를 안고 원장실로 들어간 나를 르로이 신부는 책상 너머로 악수로 맞이하며,

"지금부터 여기가 너의 집이야. 이제 아무 걱정도 필요 없어."

하고 말해 주었지만, 그의 악력은 바이스보다도 세고, 더구나 팔을 힘차게 위아래로 흔들었기 때문에 내 쪽 팔꿈치가 책상 위에 세워져 있던 성인전에 부딪쳐 팔이 저렸다.

＊～越し

명사에 붙을 때에는 '~너머'라는 뜻으로 쓰인다.

窓越しに 창문 너머로　　**肩越しに** 어깨 너머로

시간의 길이를 나타내는 말에 붙을 때에는 '~동안'이라는 뜻으로 쓰인다.

７年越しの 7년에 걸친

だが、顔をしかめる必要はなかった。それは実に穏やかな握手だった。ルロイ修道士は病人の手でも握るようにそっと握手をした。それから、このケベック郊外の農場の五男坊は、東京で会った、かつての収容児童たちの近況を熱心に語り始めた。やがて注文した一品料理が運ばれてきた。ルロイ修道士の前にはプレーン・オムレツが置かれた。

「おいしそうですね。」

- □ 実に 실로, 참으로
- □ 穏やかだ 온화하다, 온건하다, 차분하다
- □ 病人 병자 = 患者(かんじゃ) 환자
- □ そっと 살그머니, 살짝
- □ ケベック 퀘벡 〈캐나다 남동부에 있는 도시〉
- □ 郊外 교외
- □ 農場 농장
- □ 五男坊 다섯째 아들
- □ かつて 옛날에, 이전에
- □ 近況 근황
- □ 語る 이야기하다
- □ ~始める (동사 ます형에 붙어) ~(하)기 시작하다
- □ やがて 얼마 안 있어, 곧, 이윽고
- □ 注文 주문
- □ 一品料理 일품요리
- □ 運ばれる (물건이) 도착하다, 날라져 오다 〈運ぶ의 수동형〉
- □ プレーン・オムレツ(plain omelet) 플레인 오믈렛, 야채나 고기 등을 넣지 않고 버터로 달걀만을 부친 것
- □ 置かれる 놓여지다 〈置く의 수동형〉

하지만, 얼굴을 찡그릴 필요는 없었다. 그것은 실로 차분한 악수였다. 르로이 신부는 병자의 손이라도 잡듯이 살짝 악수를 했다. 그리고 이 퀘벡 교외 농장의 다섯째 아들은 토쿄에서 만난 옛날의 수용 아동들의 근황을 열심히 이야기하기 시작했다. 얼마 안 있어 주문한 일품요리가 나왔다. 르로이 신부 앞에는 플레인 오믈렛이 놓였다.

"맛있을 것 같군요."

ルロイ修道士はオムレツの皿(さら)をのぞき込(こ)むようにしながら、両(りょう)のてのひらを擦(す)り合(あ)わせる。だが、彼のてのひらはもうギチギチとは鳴(な)らない。あのころはよく鳴ったのに。園長でありながら[3]、ルロイ修道士は訪問客(ほうもんきゃく)との会見(かいけん)やデスクワークを避(さ)けていた。たいていは裏(うら)の畑や鶏舎(けいしゃ)にいて、子供たちの食料(しょくりょう)を作(つく)ることに精(せい)を出(だ)していた。そのために、彼の手はいつも汚(よご)れており、てのひらはかしの板(いた)でもはったように固(かた)かった。そこで、あのころのルロイ修道士の汚(きたな)いてのひらは、擦り合わせるたびにギチギチと鳴ったものだった。

「先生の左(ひだり)のひとさし指(ゆび)は、相変(あいか)わらず不思議(ふしぎ)なかっこうをしていますね。」

- □ 皿 접시
- □ のぞき込む 들여다보다
- □ てのひら 손바닥
- □ 擦り合わせる 비비다
- □ ギチギチ 서로 문질러져 나는 소리, 서걱서걱
- □ 鳴る 소리가 나다, 울리다
- □ ~のに ~는데, ~인데
- □ 訪問客 방문객
- □ 会見 회견
- □ デスクワーク(desk work) 책상에서 하는 일
- □ 避ける 피하다
- □ たいてい 대개
- □ 裏 뒤, 뒤편, 뒤쪽
- □ 鶏舎 닭장
- □ 食料 식료, 음식물
- □ 作る 마련하다, 장만하다
- □ 精を出す 힘쓰다, 열심히 일하다
- □ かしの板 떡갈나무 판자
- □ はる 붙이다
- □ ひとさし指 집게손가락, 검지
- □ 相変わらず 변함없이, 여전히
- □ かっこう 모양, 모습

르로이 신부는 오믈렛 접시를 들여다보듯이 하면서 양손바닥을 비볐다. 하지만, 그의 손바닥은 더 이상 서걱서걱 하고 소리 나지는 않는다. 그 무렵에는 소리가 잘 났었는데. 원장이면서도 르로이 신부는 방문객과의 면담이나 책상에서 하는 일을 피하고 있었다. 대개는 뒷밭이나 닭장에 있으면서 아이들의 음식 재료를 마련하는 데 힘쓰고 있었다. 그 때문에 그의 손은 언제나 더러워져 있고, 손바닥은 떡갈나무 판자라도 붙인 것처럼 딱딱했다. 그래서 그 무렵의 르로이 신부의 더러운 손바닥은 마주 비빌 때마다 서걱서걱 하고 소리가 나곤 했던 것이다.

"선생님의 왼쪽 집게손가락은 변함없이 이상한 모양을 하고 있네요."

---

3 ～ながら(も) ~이지만, ~이면서도, ~하면서도

[동사 ます형, い형용사 보통형, な형용사 어간, 명사+ながら(も)]

앞 사항과 뒤 사항이 서로 모순된 관계에 있음을 나타낸다.

残念(ざんねん)ながら、今日の試合(しあい)は雨で中止(ちゅうし)となりました。
유감스럽지만 오늘 시합은 비로 중지되었습니다.

フォークを持つ手のひとさし指がぴんと伸びている。指の先の爪はつぶれており、鼻くそを丸めたようなものがこびり付いている。正常な爪はもう生えてこないのである。あのころ、ルロイ修道士の奇妙な爪について[4]、天使園にはこんなうわさが流れていた。日本にやって来て二年もしないうちに戦争が始まり、ルロイ修道士たちは横浜から出帆する最後の交換船でカナダに帰ることになった。ところが日本側の都合で、交換船は出帆中止になってしまったのである。そして、連れていかれたところは丹沢の山の中。戦争が終わるまで、ルロイ修道士たちはここで荒れ地を開墾し、みかんと足柄茶を作らされた。

- □ フォーク(fork) 포크
- □ ぴんと 잔뜩 켕기는 모양, 꼿꼿이, 팽팽이, 바짝
- □ 伸びる 펴지다
- □ 指の先 손가락 끝
- □ 爪 손톱
- □ つぶれる 찌부러지다
- □ 鼻くそ 코딱지
- □ 丸める 둥글리다, 뭉치다
- □ こびり付く 들러붙다, 달라붙다
- □ 正常 정상
- □ 生える 자라다
- □ 奇妙 기묘, 이상 〈奇妙な風習 기묘한 풍습〉
- □ 流れる 떠돌다, 퍼지다
- □ 戦争 전쟁
- □ 横浜 요코하마 〈神奈川(かながわ)현청 소재지〉
- □ 出帆 출범
- □ 交換船 교환선
- □ ところが 그런데, 그러나
- □ ~側 ~측, ~쪽
- □ 丹沢 탄자와 〈神奈川 현 서북부와 静岡(しずおか)・山梨(やまなし)현에 걸쳐 있는 탄자와 산지를 일컬음〉
- □ 荒れ地 황무지
- □ 開墾 개간
- □ みかん 귤
- □ 足柄茶 아시가라 차 〈神奈川현 足柄上(あしがらかみ)군 등을 산출지로 하는 양질의 차〉
- □ 作らされる 재배하게 되다 〈作る의 사역수동형〉

포크를 쥔 손의 집게손가락이 꼿꼿이 펴져 있다. 손가락 끝의 손톱은 찌부러져 있고, 코딱지를 둥글린 듯한 것이 들러붙어 있다. 정상적인 손톱은 더 이상 자라 나오지 않는 것이다. 그 무렵 르로이 신부의 기묘한 손톱에 대해 천사원에는 이런 소문이 떠돌고 있었다. 일본에 와서 2년도 되기 전에 전쟁이 시작되어 르로이 신부들은 요코하마에서 출범하는 마지막 교환선으로 캐나다에 돌아가기로 되었다. 그런데, 일본측 사정으로 교환선 출범은 중지되어 버렸던 것이다. 그리고 끌려간 곳은 탄자와의 산속. 전쟁이 끝날 때까지 르로이 신부들은 여기에서 황무지를 개간하고 귤과 아시가라차를 재배하게 되었다.

4 ～について ~에 대하여 [명사+について]

대상에 대해 구체적으로 무엇인가를 설명할 때 쓴다.

私は日本留学について興味(きょうみ)を持っている。
나는 일본 유학에 대해서 흥미를 가지고 있다.

そこまではいいのだが、カトリック者は日曜日の労働を戒律で禁じられているので、ルロイ修道士が代表となって監督官に、「日曜日は休ませてほしい。その埋め合わせは、ほかの曜日にきっとする。」と申し入れた。すると監督官は、「大日本帝国の七曜表は月月火水木金金。この国には土曜も日曜もありゃせんのだ。」としかりつけ、見せしめに、ルロイ修道士の左のひとさし指を木づちで思い切りたたきつぶしたのだ。だから気をつけろ。ルロイ先生はいい人にはちがいないが、心の底では日本人を憎んでいる。いつかは爆発するぞ。……しかし、ルロイ先生はいつまでたっても優しかった。そればかりかルロイ先生は、戦勝国の白人であるにもかかわらず[5]敗戦国の子供のために、泥だらけになって野菜を作り鶏を育てている。これはどういうことだろう。

- □カトリック者 가톨릭 신자
- □労働 노동
- □戒律 계율
- □禁じられる 금지되다 〈禁じる의 수동형〉
- □監督官 감독관
- □休ませる 쉬게 하다 〈休む의 사역형〉
- □埋め合わせ 보충
- □申し入れる 제의하다, 신청하다
- □すると 그러자
- □七曜表 달력 ＝カレンダー
- □しかりつける 몹시 호통 치다
- □見せしめ 본때, 본보기
- □木づち 나무 망치
- □思い切り 힘껏
- □たたきつぶす 으깨다
- □気をつける 조심하다, 정신 차리다
- □~にちがいない ~임에 틀림없다
- □憎む 미워하다
- □爆発 폭발
- □たつ(経つ) (시간이) 지나다, 경과하다
- □戦勝国 전승국
- □敗戦国 패전국
- □泥だらけ 진흙투성이
- □育てる 키우다, 기르다

거기까지는 좋았는데 가톨릭 신자는 일요일 노동이 계율로 금지되어 있기 때문에, 르로이 신부가 대표가 되어 감독관에게, "일요일은 쉬게 해 줬으면 좋겠다. 그 보충은 다른 요일에 반드시 하겠다." 하고 제의했다. 그러자 감독관은, "대일본제국의 달력은 월월화수목금금. 이 나라에는 토요일도 일요일도 없는 거다." 하고 몹시 호통을 치고 본보기로 르로이 신부의 왼쪽 집게손가락을 나무 망치로 힘껏 내리쳐 으깬 것이다. 그러니까 조심해. 르로이 선생님은 좋은 사람임에는 틀림없지만 마음속으로는 일본인을 미워하고 있어. 언젠가는 폭발할 거야. ……그러나, 르로이 선생님은 언제까지 시간이 지나도 상냥했다. 그뿐인가, 르로이 선생님은 전승국의 백인임에도 불구하고 패전국의 아이들을 위해서 진흙투성이가 되어 야채를 재배하고 닭을 키우고 있다. 이것은 어찌된 일일까.

5　~にもかかわらず ~에도 불구하고

[동사・い형용사의 보통형, な형용사의 어간である, 명사+にもかかわらず]

앞에 서술한 내용에서 당연히 예측되는 상황과 다른 상황이 뒤에 이어지는 것을 나타낸다.

昨日は平日(へいじつ)にもかかわらず、結婚式が重(かさ)なっていたので、困(こま)りました。어제는 평일임에도 불구하고 결혼식이 겹쳐서 곤란했습니다.

「ここの子供をちゃんと育ててから、アメリカのサーカスに売(う)るんだ。だから、こんなに親切(しんせつ)なんだぞ。あとでどっと元(もと)をとる気なんだ。」といううわさも立ったが、すぐ立(た)ち消(ぎ)えになった。おひたしや汁(しる)の実(み)になった野菜がわたしたちの口(くち)に入(はい)るところを、あんなにうれしそうに眺(なが)めているルロイ先生を、ほんの少しでも疑(うたが)っては罰(ばち)が当(あ)たる。みんながそう思(おも)い始(はじ)めたからである。

「日本人は先生に対(たい)して、ずいぶんひどいことをしましたね。交換船の中止にしても国際法無視(こくさいほうむし)ですし、木づちで指をたたきつぶすに至(いた)っては[6]、もうなんて言っていいか。申(もう)しわけありません。」

- □ちゃんと 잘, 제대로
- □サーカス(circus) 서커스
- □どっと 한 곳에 사람이나 물건이 한꺼번에 밀어닥치는 모양, 왈칵, 왕창, 와, 우르르
- □元をとる 본전을 뽑다
- □気 생각, 작정, 마음
- □うわさが立つ 소문이 나다
- □立ち消え 흐지부지됨, 중단됨
- □おひたし 나물무침
- □汁の実 (국의) 건더기
- □眺める 바라보다
- □ほんの少し 아주 조금
- □疑う 의심하다
- □罰が当たる 벌을 받다
- □思い始める 생각하기 시작하다
- □ずいぶん 너무, 매우
- □国際法 국제법
- □無視 무시
- □なんて 뭐라고
- □申しわけない 죄송하다, 미안하다

"여기 아이들을 잘 키워서 미국 서커스에 팔 거야. 그러니까 이렇게 친절한 거야. 나중에 왕창 본전을 뽑을 속셈인 거야." 라는 소문도 났지만, 바로 흐지부지되었다. 나물무침이랑 국 건더기가 된 야채가 우리들의 입에 들어가는 것을 그렇게 기쁜 듯이 바라보고 있는 르로이 선생님을 아주 조금이라도 의심해서는 천벌을 받을 것이다. 모두가 그렇게 생각하기 시작했기 때문이다.

"일본인은 선생님에게 너무 심한 짓을 했죠. 교환선 중지 역시 국제법 무시이고, 나무 망치로 손가락을 쳐서 으깬 것에 관해서는 뭐라 말씀드려야 할지. 정말 죄송합니다."

---

6 ～に至って(は) ~에 관해서(는), ~에 이르러서(는)

[동사 기본형, 명사+に至って(は)]

극단적인 사례를 들어 서술할 때 쓴다.

彼は試験を目前(もくぜん)に至って、やっと勉強をしはじめた。
그는 시험을 목전에 두고서야 겨우 공부를 하기 시작했다.

ルロイ修道士はナイフを皿の上に置いてから、右(みぎ)のひとさし指をぴんと立てた。指の先は天井(てんじょう)を指(さ)してぶるぶる細(こま)かく震(ふる)えている。また思い出した。ルロイ修道士は、「こら。」とか、「よく聞(き)きなさい。」とか言う代(か)わりに、右のひとさし指をぴんと立てるのが癖(くせ)だった。

「総理大臣(そうりだいじん)のようなことを言ってはいけませんよ。だいたい、日本人を代表(だいひょう)してものを言ったりするのは傲慢(ごうまん)です。それに、日本人とかカナダ人とかアメリカ人といったようなものがあると信(しん)じてはなりません。一人(ひとり)一人の人間(にんげん)がいる、それだけのことです[7]から。」

「わかりました。」

□ナイフ(knife) 나이프
□天井 천장
□指す 가리키다
□ぶるぶる 부들부들
□細かく 가늘게, 작게
□震える 떨리다
□こら 이놈아, 이 자식아 〈상대를 책망하여 부르는 말〉
□～代わりに ~대신에
□癖 버릇
□総理大臣 총리대신
□～てはいけない ~해서는 안 된다 = ～てはならない
□だいたい 애당초, 본래
□代表 대표
□ものを言う 말하다
□～たり ~거나, ~든지
□傲慢 교만, 오만
□それに 게다가, 더욱이
□～とか ~라든가, ~든지
□信じる 믿다

르로이 신부는 나이프를 접시 위에 놓고 나서 오른쪽 집게손가락을 꼿꼿이 세웠다. 손가락 끝은 천장을 가리키며 부들부들 가늘게 떨리고 있다. 또 생각났다. 르로이 신부는 "이놈!" 이라든가 "잘 들어라."라고 말하는 대신에 오른쪽 집게손가락을 꼿꼿이 세우는 게 버릇이었다.

"총리대신 같은 말을 해서는 안 돼요. 애당초 일본인을 대표해서 말을 하거나 하는 것은 교만이에요. 게다가 일본인이라든지 캐나다인이라든지 미국인이라고 하는 게 있다고 믿어서는 안 돼요. 한 사람 한 사람의 인간이 있다, 그뿐이니까요."

"알겠습니다."

---

7 ～だけのことだ ～할 뿐이다

그것 외에는 방법이 없다, 또는 그다지 대단한 일이 아니라는 뜻을 나타낸다.

ただ読みたい本を買うだけのことだ。그저 읽고 싶은 책을 살 뿐이다.

わたしは右の親指(おやゆび)をぴんと立てた。これもルロイ修道士の癖で、彼は、「わかった。」「よし。」「最高(さいこう)だ。」と言う代わりに、右の親指をぴんと立てる。そのことも思い出したのだ。

「おいしいですね、このオムレツは。」

ルロイ修道士も右の親指を立てた。わたしは、はてなと心の中で首(くび)をかしげた。おいしいと言うわりには[8]、ルロイ修道士に食欲(しょくよく)がない。ラグビーのボールを押(お)しつぶしたようなかっこうのプレーン・オムレツは、空気(くうき)を入(い)れればそのままグラウンドに持(も)ち出(だ)せそうである。ルロイ修道士はナイフとフォークを動(うご)かしているだけで、オムレツをちっとも口へ運んではいないのだ。

- □ 親指 엄지손가락
- □ よし 좋아
- □ 最高 최고↔最低(さいてい) 최저
- □ はてな 의아해하거나 생각하거나 할 때 하는 말, 어!, 그런데, 글쎄, 한데 = はて
- □ 首をかしげる 고개를 갸웃하다
- □ 食欲 식욕
- □ ラグビー(rugby) 럭비
- □ 押しつぶす 눌러 찌부러뜨리다
- □ そのまま 그대로
- □ グラウンド(ground) 그라운드, 운동장, 경기장
- □ 持ち出せる 가지고 나갈 수 있다 〈持ち出す의 가능형〉
- □ 動かす 움직이다
- □ ちっとも 조금도

나는 오른쪽 엄지손가락을 꼿꼿이 세웠다. 이것도 르로이 신부의 버릇으로 그는, "알았다." "좋아." "최고야." 하고 말하는 대신에 오른쪽 엄지손가락을 꼿꼿이 세운다. 그것도 생각났던 것이다.

"맛있군요, 이 오믈렛은."

르로이 신부도 오른쪽 엄지손가락을 세웠다. 나는, 어! 하며 마음속으로 고개를 갸웃했다. 맛있다고 말하는 것치고는 르로이 신부에게 식욕이 없다. 럭비공을 눌러 찌부러뜨린 것 같은 모양의 플레인 오믈렛은 공기를 넣으면 그대로 그라운드로 가지고 나갈 수 있을 것 같다. 르로이 신부는 나이프와 포크를 움직이고 있을 뿐이고 오믈렛을 조금도 입으로 가져가지는 않는 것이다.

---

8 **~わりに(は) ~에 비해서(는)**

[동사 · い형용사의 보통형, な형용사な, 명사の+わりに(は)]

그에 상응하는 당연한 예상이나 결과와는 달리 실제로는 그렇지 않다는 것을 나타낸다.

昨日のホテルは、価格(かかく)がやすいわりには部屋もきれいでした。
어제의 호텔은 가격이 싼 것에 비해서는 방도 깨끗했습니다.

「それよりも、わたしはあなたをぶったりはしませんでしたか。あなたにひどい仕打(しう)ちをしませんでしたか、もし、していたなら、謝(あやま)りたい。」

「一度(いちど)だけ、ぶたれました。」

ルロイ修道士の、両手(りょうて)のひとさし指をせわしく交差(こうさ)させ、打(う)ちつけている姿(すがた)が脳裏(のうり)に浮(う)かぶ。これは危険信号(きけんしんごう)だった。この指の動きでルロイ修道士は、「おまえは悪(わる)い子だ。」とどなっているのだ。そして次(つぎ)には、きっと平手打(ひらてう)ちが飛(と)ぶ。ルロイ修道士の平手打ちは痛(いた)かった。

「やはりぶちましたか。」

- □ ぶつ 때리다, 치다 〈うつ의 변한말〉
- □ 仕打ち (타인에 대한) 짓, 처사
- □ もし 만약
- □ 謝る 사과하다
- □ ぶたれる 맞다 〈ぶつ의 수동형〉
- □ せわしく 빠르게, 바쁘게
- □ 交差させる 교차시키다
- □ 打ちつける 부딪치다
- □ 脳裏 뇌리
- □ 浮かぶ 머릿속에 떠오르다
- □ 危険信号 위험 신호
- □ どなる 고함치다, 호통 치다, 야단치다
- □ きっと 반드시, 꼭
- □ 平手打ち 손바닥으로 때리기, 손바닥으로 (뺨을) 치기
- □ やはり 역시

"그보다도, 나는 당신을 때리거나 하지는 않았나요? 당신에게 심한 짓을 하지는 않았나요? 만약 했었다면 사과하고 싶습니다."

"딱 한 번 맞았습니다."

르로이 신부의, 양손의 집게손가락을 빠르게 교차시키며 부딪치고 있는 모습이 뇌리에 떠오른다. 이것은 위험 신호였다. 이 손가락의 움직임으로 르로이 신부는, "넌 나쁜 애야." 하고 호통 치고 있는 것이다. 그리고 다음에는 반드시 손바닥이 날아온다. 르로이 신부가 뺨을 때리는 건 아팠다.

"역시 때렸군요."

ルロイ修道士は悲(かな)しそうな表情(ひょうじょう)になって、ナプキンを折(お)りたたむ。食事はもうおしまいなのだろうか。

「でも、わたしたちは、ぶたれてあたりまえの、ひどいことをしでかしたんです。高校(こうこう)二年(にねん)のクリスマスだったと思いますが、無断(むだん)で天使園を抜(ぬ)け出(だ)して東京へ行(い)ってしまったのです。」

翌朝(よくあさ)、上野へ着(つ)いた。有楽町(ゆうらくちょう)や浅草(あさくさ)で映画(えいが)と実演(じつえん)を見(み)て回(まわ)り、夜行列車(やこうれっしゃ)で仙台(せんだい)に帰った。そして待(ま)っていたのがルロイ修道士の平手打ちだった。「あさっての朝、必(かなら)ず戻(もど)ります。心配しないでください。捜(さが)さないでください。」という書(か)き置(お)きを、園長室の壁(かべ)にはりつけておいたのだが。

- □ ナプキン(napkin) 냅킨
- □ 折りたたむ 접어 개다, 개키다
- □ おしまい 마침, 끝 〈しまい의 공손한 말〉
- □ あたりまえ 당연함
- □ しでかす (잘못, 실수를) 저지르다
- □ 無断 무단
- □ 抜け出す 빠져나오다
- □ 翌朝 다음날 아침, 이튿날 아침
- □ 有楽町 유라쿠쵸 〈토쿄의 번화가 중의 하나〉
- □ 浅草 아사쿠사 〈토쿄의 유명 관광지〉
- □ 実演 배우나 가수가 실제로 무대에 나와 공연을 함, 실제 공연
- □ 回わる 돌아다니다
- □ 夜行列車 야간 열차
- □ 仙台 센다이 〈일본 宮城(みやぎ)현에 있는 도시〉
- □ 必ず 반드시
- □ 戻る (되)돌아오다
- □ 捜す 찾다
- □ 書き置き 메모 = 置(お)き手紙(てがみ)
- □ 壁 벽
- □ はりつける 붙이다

르로이 신부는 슬픈 듯한 표정이 되어 냅킨을 접는다. 식사는 벌써 끝난 것일까?

"하지만, 우리들은 맞아도 당연한 심한 짓을 저질렀습니다. 고등학교 2학년 크리스마스였다고 생각합니다만, 무단으로 천사원을 빠져나와 토쿄에 가 버렸던 것입니다."

다음날 아침, 우에노에 도착했다. 유라쿠쵸며 아사쿠사에서 영화와 공연를 보며 돌아다니다가 야간 열차로 센다이로 돌아왔다. 그리고 기다리고 있었던 것이 르로이 신부의 뺨 때리기였다. "모레 아침, 반드시 돌아오겠습니다. 걱정하지 말아 주세요. 찾지 말아 주세요."라는 메모를 원장실 벽에 붙여 두었건만.

「ルロイ先生は一月間(かん)、わたしたちに口をきいてくれませんでした。平手打ちよりこっちのほうがこたえましたよ。」

「そんなこともありましたねえ。あのときの東京見物(けんぶつ)の費用(ひよう)は、どうやってひねり出(だ)したんです。」

「それはあのとき白状(はくじょう)しましたが……。」

「わたしは忘(わす)れてしまいました。もう一度教(おし)えてくれませんか。」

「準備(じゅんび)に三(さん)か月(げつ)はかかりました。先生からいただいた純毛(じゅんもう)の靴下(くつした)だの、つなぎの下着(したぎ)だのを着(き)ないでとっておき、駅前(えきまえ)の闇市(やみいち)で売(う)り払(はら)いました。鶏舎から鶏を五、六羽持ち出して、焼(や)き鳥屋(とりや)に売ったりもしました。」

- □ **口をきく** 말하다
- □ **こたえる** 가슴에 사무치다 = 響(ひび)く
- □ **見物** 구경
- □ **費用** 비용
- □ **ひねり出す** 염출해 내다, 만들어 내다, 궁리해 내다
- □ **白状** 자백
- □ **準備** 준비
- □ **かかる** (시간, 비용, 기간 등이) 걸리다, 들다
- □ **純毛** 순모
- □ **靴下** 양말
- □ **～だの** ~(이)라든가, ~다느니
- □ **つなぎの下着** 위아래로 연결된 원피스형 속옷
- □ **とる** 따로 떼어 남겨 두다 〈種をとっておく 씨를 따로 떼어 두다〉
- □ **闇市** 암시장
- □ **売り払う** 팔아 치우다
- □ **～羽** 새 · 토끼 따위를 세는 말, ~마리
- □ **焼き鳥屋** 꼬치구이 집

"르로이 선생님은 한 달 간 우리들에게 말을 하지 않으셨습니다. 뺨을 맞은 것보다 이쪽이 더 가슴에 사무쳤습니다."

"그런 일도 있었군요. 그때 토쿄 구경 비용은 어떻게 해서 마련해 낸 겁니까?"

"그건 그때 자백했는데……."

"나는 잊어버렸어요. 다시 한번 가르쳐 주지 않을래요?"

"준비에 3개월은 걸렸습니다. 선생님한테서 받은 순모 양말이며 상하가 붙은 속옷 등을 입지 않고 따로 남겨 두었다가 역 앞 암시장에서 팔아 버렸습니다. 닭장에서 닭을 대여섯 마리 꺼내서 꼬치구이 집에 팔기도 했구요."

ルロイ修道士は改(あらた)めて両手のひとさし指を交差させ、せわしく打ちつける。ただしあのころと違(ちが)って、顔は笑っていた。

「先生はどこかお悪いんですか。ちっとも召(め)しあがりませんね。」

「少(すこ)し疲(つか)れたのでしょう。これから仙台の修道院でゆっくり休みます。カナダへたつころは、前(まえ)のような大食(おおぐ)らいに戻っていますよ。」

「だったら、いいのですが……。」

「仕事(しごと)はうまくいっていますか。」

「まあまあといったところです[9]。」

「よろしい。」

ルロイ修道士は右の親指を立てた。

□改めて 다시, 새삼스럽게
□ただし 단
□ちっとも 조금도, 전혀
□召しあがる 〈食べる의 존경어〉 드시다
□大食らい 대식가, 많이 먹는 사람
□仕事 일
□うまく 잘
□まあまあ 불충분하나 참을 수 있는 정도임, 그저 그런 정도, 그런대로
□よろしい 〈よい의 공손한 표현〉 좋다, 괜찮다

르로이 신부는 다시 양손의 집게손가락을 교차시키며 빠르게 부딪쳤다. 단, 그 시절과 달리 얼굴은 웃고 있었다.

"선생님은 어디 안 좋으신가요? 조금도 드시지 않네요!"

"조금 지친 거겠죠. 이제부터 센다이의 수도원에서 천천히 쉴 겁니다. 캐나다로 떠날 때는 전과 같은 대식가로 돌아가 있을 거예요."

"그렇다면 다행이지만……."

"일은 잘 되고 있나요?"

"그럭저럭이라고 할 정도입니다."

"좋아요."

르로이 신부는 오른쪽 엄지손가락을 세웠다.

---

9 ~といったところだ ~라고 할 정도이다

[동사 · い형용사의 보통형, な형용사 어간, 명사+といったところだ]

'대체적으로 ~라고 해도 무리가 없을 것이다'라는 뜻으로, 상황 설명이나 평가를 나타낸다.

あのお店には、ほとんどものがないといってもいいといったところです。
그 가게에는 거의 물건이 없다고 말해도 될 정도입니다.

「仕事がうまくいかないときは、この言葉を思い出してください。『困難は分割せよ。』あせってはなりません。問題を細かく割って、一つ一つ地道に片づけていくのです。ルロイのこの言葉を忘れないでください。」

冗談じゃないぞ、と思った。これでは、遺言を聞くために会ったようなものではないか。そういえば、さっきの握手もなんだか変だった。「それは実に穏やかな握手だった。ルロイ修道士は病人の手でも握るようにそっと握手をした。」というように感じたが、実はルロイ修道士が病人なのではないか。元園長は何かの病にかかり、この世のいとまごいに、こうやって、かつての園児を訪ねて歩いているのではないか。

- □ 困難 곤란
- □ 分割する 분할하다
- □ あせる 초조해 하다, 조바심 내다
- □ 割る 나누다
- □ 地道に 착실하게, 견실하게
- □ 片づける 정리하다
- □ 冗談じゃない 농담이라도 그런 말 하면 안 된다, 당치도 않은 소리다, 웃기지 마라
- □ 遺言 유언
- □ なんだか 무언가
- □ 変だ 이상하다
- □ 元～ 전~, 전직~
- □ 病にかかる 병에 걸리다
- □ この世 이 세상
- □ いとまごい 작별 인사
- □ 訪ねる 찾다, 방문하다
- □ ～て歩く 여기저기 돌아다니며 ~하다 〈売って歩く 팔며 다니다〉

"일이 잘 되지 않을 때는 이 말을 떠올려 주세요. '곤란은 분할해라' 초조해해서는 안 돼요. 문제를 잘게 나누어 하나하나 착실하게 처리해 가는 거예요. 르로이의 이 말을 잊지 말아 주세요."

당치도 않은 소리 마, 하고 생각했다. 이건 유언을 듣기 위해 만난 것 같지 않은가? 그러고 보니 아까 악수도 어쩐지 이상했다. '그것은 실로 차분한 악수였다. 르로이 신부는 병자의 손이라도 잡듯이 살짝 악수를 했다.'라는 식으로 느꼈는데, 실은 르로이 신부가 병자인 건 아닐까? 전 원장은 무언가 병에 걸려 이 세상에 작별 인사하러 이렇게 옛날의 원아들을 찾아다니고 있는 것은 아닐까?

「日本でお暮らしになっていて、楽(たの)しかったことがあったとすれば、それはどんなことでしたか。」

先生は重(おも)い病気(びょうき)にかかっているのでしょう、そして、これはお別(わか)れの儀式(ぎしき)なのですねときこうとしたが、さすがにそれははばかられ、結局(けっきょく)は、平凡(へいぼん)な質問(しつもん)をしてしまった。

「それはもう、こうやっているときに決(き)まっています[10]。天使園で育った子供が世(よ)の中(なか)へ出(で)て、一人前(いちにんまえ)の働(はたら)きをしているのを見るときがいっとう楽しい。何(なに)よりもうれしい。そうそう、あなたは上川君(かみかわくん)を知(し)っていますね。上川一雄(かずお)君ですよ。」

- □ 重い (정도가) 심하다, 중하다
- □ そして 그리고
- □ お別れ 작별, 이별 〈別れ의 공손한 말〉
- □ 儀式 의식
- □ さすがに 정말, 역시
- □ はばかられる 꺼려지다, 주저되다 〈はばかる의 수동형〉
- □ 結局 결국
- □ 平凡だ 평범하다
- □ 育つ 자라다
- □ 世の中 세상
- □ 一人前 한 사람의 몫
- □ 働き 일, 노동, 활동 〈働きがある 생활 능력이 있다, 유능하다〉
- □ いっとう 가장, 제일

"일본에서 사시면서 즐거웠던 일이 있었다고 한다면 그건 어떤 일이었습니까?"

선생님은 중한 병에 걸린 거죠? 그리고 이건 작별 의식인 거고요, 하고 물으려 했지만, 역시 그것은 꺼려져, 결국은 평범한 질문을 해 버렸다.

"그건 이제 이럴 때가 가장 즐겁게 마련이죠. 천사원에서 자란 아이가 세상에 나가 제 몫의 일을 하고 있는 것을 볼 때가 가장 즐겁죠. 무엇보다도 기뻐요. 맞아, 맞아, 당신은 카미카와 군을 알고 있죠? 카미카와 카즈오 군 말이에요."

---

10 ～に決まっている 반드시 ~하게 마련이다

[동사 · い형용사의 기본형, 명사+に決まっている]

어떤 근거에 의해 '~이(가) 되는 것은 당연하다, 틀림없다'라는 단정을 나타낸다.

このテストの結果(けっか)だと、母は文句(もんく)を言うに決まっている。

이 시험 결과라면 엄마는 불평을 할 것이 틀림없다.

もちろん知っている。ある春の朝、天使園の正門の前に捨てられていた子だ。捨て子は春になるとぐんと増える。陽気がいいから、発見されるまで長くかかっても風邪をひくことはあるまい[11]という、母親たちの最後の愛情が春を選ばせるのだ。捨て子はたいてい姓名がわからない。そこで、中学生、高校生が知恵を絞って姓名をつける。だから、忘れるわけはないのである。

「あの子は今、市営バスの運転手をしています。それも、天使園の前を通っている路線の運転手なのです。そこで、月に一度か二度、駅から上川君の運転するバスに乗り合わせることがあるのですが、そのときは楽しいですよ。まずわたしが乗りますと、こんな合図をするのです。」

- □ 正門 정문
- □ 捨てられる 버려지다 〈捨てる의 수동형〉
- □ 捨て子 버려진 아이
- □ ぐんと 부쩍, 훨씬
- □ 増える 늘어나다
- □ 陽気 날씨, 기후
- □ 長く 오래도록
- □ 風邪をひく 감기에 걸리다
- □ 愛情 애정
- □ たいてい 대개
- □ 姓名 성명, 이름
- □ 知恵 지혜
- □ 絞る 쥐어짜다
- □ つける 붙이다
- □ わけ 까닭, 이유
- □ 市営バス 시영 버스
- □ 運転手 운전수
- □ 通る 지나다, 통과하다
- □ 路線 노선
- □ 乗り合わせる (배, 차 등에) 우연히 같이 타다
- □ 合図 신호 = サイン

물론 알고 있다. 어느 봄날 아침, 천사원 정문 앞에 버려져 있던 아이이다. 버려지는 아이는 봄이 되면 부쩍 늘어난다. 날씨가 좋아서 발견될 때까지 오래 걸려도 감기에 걸릴 일은 없을 거라는 엄마들의 마지막 애정이 봄을 선택하게 하는 것이다. 버려진 아이는 대개 이름을 모른다. 그래서 중학생, 고등학생이 지혜를 짜내서 이름을 붙인다. 그래서 잊을 리는 없는 것이다.

"그 아이는 지금 시영 버스 운전수를 하고 있어요. 그것도 천사원 앞을 지나는 노선의 운전수인 거예요. 그래서 한 달에 한 번인가 두 번, 역에서 카미카와 군이 운전하는 버스를 우연히 타는 일이 있는데, 그때는 즐거워요. 우선 내가 타면 이런 신호를 하는 거예요."

---

11 ～まい ~(하)지 않겠지, ~(하)지 않겠다

[1그룹 동사 기본형, 2그룹 동사 ます형, 3그룹 동사 기본형 · ます형+まい, する→するまい · しまい, 来る→くるまい · こまい]

부정적인 추측과 의지를 나타낸다.

もうかばんは買うまいと心に決めてもつい買ってしまいました。
이제 가방은 사지 말아야지 하고 마음먹어도 결국 사고 말았습니다.

ルロイ修道士は右の親指をぴんと立てた。

「わたしの癖をからかっているんですね。そうして、わたしに運転の腕前(うでまえ)を見てもらいたいのでしょうか、バスをぶんぶんとばします。最後に、バスを天使園の正門前に止(と)めます。停留所(ていりゅうじょ)じゃないのに止めてしまうんです。上川君はいけない運転手です。けれども、そういうときがわたしにはいっとう楽しいですね。」

「いっとう悲しいときは……？」

□ からかう 놀리다
□ 腕前 솜씨, 기량 = 腕(うで)
□ ぶんぶん 공기를 가르며 내는 소리나 곤충의 날개 소리를 나타내는 말, 붕붕, 윙윙
□ とばす (차 등을) 세차게 몰다, 빨리 몰다
□ 止める 세우다, 멈추다
□ 停留所 정류장
□ いけない 좋지 않다, 나쁘다

르로이 신부는 오른쪽 엄지손가락을 꼿꼿이 세웠다.

"나의 버릇을 놀리고 있는 거죠. 그리고 나에게 운전 솜씨를 보여 주고 싶은 걸까요, 버스를 붕붕 세차게 몰아요. 마지막으로, 버스를 천사원 정문 앞에 세워요. 정류장이 아닌데 세워 버리는 거예요. 카미카와 군은 나쁜 운전수예요. 하지만 그런 때가 나에게는 가장 즐거워요."

"가장 슬플 때는……?"

「天使園で育った子が世の中に出て結婚(けっこん)しますね。子供が生(う)まれます。ところがそのうちに、夫婦(ふうふ)の間(あいだ)がうまくいかなくなる。別居(べっきょ)します。離婚(りこん)します。やがて子供が重荷(おもに)になる。そこで、天使園で育った子が、自(じ)分(ぶん)の子を、またもや天使園へ預(あず)けるために長(なが)い坂(さか)をとぼとぼ上(のぼ)ってやって来(く)る。それを見るときがいっとう悲しいですね。なにも、父子二代(おやこにだい)で天使園に入ることはないんです。」

ルロイ修道士は壁の時計(とけい)を見上(みあ)げて、

「汽車(きしゃ)が待(ま)っています。」

と言い、右のひとさし指に中指(なかゆび)をからめて掲(かか)げた。これは「幸運(こううん)を祈(いの)る」「しっかりおやり」という意味(いみ)の、ルロイ修道士の指言葉だった。

- □ 生まれる 태어나다
- □ 夫婦 부부
- □ 別居 별거
- □ 離婚 이혼
- □ やがて 드디어, 결국
- □ 重荷 무거운 짐
- □ またもや 다시금, 또다시
- □ 預ける 맡기다 ↔ 預(あず)かる 맡다, 보관하다
- □ 坂 언덕
- □ とぼとぼ 힘없이 걷는 모양, 터벅터벅
- □ なにも 뭐, 별로, 특별히, 유달리
- □ 見上げる 올려다보다
- □ 汽車 기차
- □ からめる (휘)감다
- □ 掲げる 들다, 올리다
- □ 幸運 행운
- □ 祈る 빌다
- □ しっかり 똑똑히, 정신 차려서 〈しっかりしろ 정신 차려라, 기운을 내라〉
- □ おやり 하렴, 하거라 〈おやりなさい의 생략 표현〉

"천사원에서 자란 아이가 세상에 나와 결혼하죠. 아이가 태어나요. 그런데 그럭저럭 하는 동안에 부부 사이가 나빠져요. 별거해요. 이혼하죠. 결국은 아이가 무거운 짐이 되는 거죠. 그래서 천사원에서 자란 아이가 자기 아이를 다시금 천사원에 맡기기 위해 긴 언덕을 터벅터벅 올라와서 찾아와요. 그것을 볼 때가 가장 슬프죠. 뭐, 부자 2대가 천사원에 들어올 건 없는 거죠."

르로이 신부는 벽시계를 올려다보며,

"기차가 기다리고 있어요."

하고 말하며, 오른쪽 집게손가락에 가운뎃손가락을 감아 치켜 올렸다. 이것은 '행운을 빈다' '기운을 내라'라는 의미의 르로이 신부의 손가락 말이었다.

上野駅の中央改札口(ちゅうおうかいさつぐち)の前で、思(おも)い切(き)ってきいた。

「ルロイ先生、死(し)ぬのは怖(こわ)くありませんか。わたしは怖くてしかたがありませんが。」

かつて、わたしたちがいたずらを見つかったときにしたように、ルロイ修道士は少し赤(あか)くなって頭(あたま)をかいた。

「天国(てんごく)へ行くのですから、そう怖くはありませんよ。」

「天国か。本当(ほんとう)に天国がありますか。」

「あると信(しん)じるほうが楽しいでしょうが。死ねば、何もないただむやみに寂(さび)しいところへ行くと思うよりも、にぎやかな天国へ行くと思うほうがよほど楽しい。そのために、この何十年間(なんじゅうねんかん)、神様(かみさま)を信じてきたのです。」

- □ 中央改札口 중앙 개찰구
- □ 思いきる 큰맘 먹다, 결심하다
- □ しかたない 견딜 수 없다, 어찌할 도리가 없다
- □ いたずら 장난
- □ 頭をかく 머리를 긁다
- □ 天国 천국
- □ むやみに 무턱대고, 함부로, 지나치게
- □ 寂しい 쓸쓸하다
- □ よほど 훨씬, 상당히
- □ 神様 신, 하느님

우에노 역 중앙 개찰구 앞에서 큰맘 먹고 물어봤다.

"르로이 선생님, 죽는 게 두렵지 않으십니까? 저는 무서워서 견딜 수가 없습니다만."

일찍이 우리들이 장난을 들켰을 때에 했던 것처럼, 르로이 신부는 조금 빨개지며 머리를 긁적였다.

"천국에 가는 거니까 그리 두렵진 않아요."

"천국요? 정말로 천국이 있습니까?"

"있다고 믿는 편이 즐겁겠지요. 죽으면 아무것도 없는 그저 지나치게 쓸쓸한 곳에 간다고 생각하는 것보다도 시끌벅적한 천국에 간다고 생각하는 편이 훨씬 즐겁죠. 그 때문에 이 몇 십 년간 신을 믿어 온 거예요."

わかりましたと答(こた)える代(か)わりに、わたしは右の親指を立て、それからルロイ修道士の手をとって、しっかりと握った。それでも足(た)りずに、腕を上下に激(はげ)しく振(ふ)った。

「痛いですよ。」

ルロイ修道士は顔をしかめてみせた。

上野公園の葉桜が終(お)わるころ、ルロイ修道士は仙台の修道院でなくなった。まもなく一周忌(いっしゅうき)である。わたしたちに会って回っていたころのルロイ修道士は、身体(からだ)じゅうが悪い腫瘍(しゅよう)の巣(す)になっていたそうだ。葬式(そうしき)でそのことを聞いたとき、わたしは知らぬ間(ま)に、両手のひとさし指を交差させ、せわしく打ちつけていた。

□ とる 잡다, 쥐다
□ しっかり 단단히, 꼭, 꽉
□ 握る 잡다, 쥐다
□ 足りずに 모자라, 부족하여
□ 激しい 세차다, 과격하다
□ 振る 흔들다
□ まもなく 이제 곧
□ 一周忌 1주기
□ 身体じゅう 몸 전체
□ 腫瘍 종양
□ 巣 둥지, 소굴
□ 葬式 장례식
□ 知らぬ間に 모르는 사이에

알겠습니다 하고 대답하는 대신에 나는 오른쪽 엄지손가락을 세우고, 그리고 르로이 신부의 손을 잡고 꽉 쥐었다. 그것도 모자라 팔을 아래위로 세차게 흔들었다.

"아파요."

르로이 신부는 얼굴을 찡그려 보였다.

우에노 공원의 벚나무에 새잎이 다 돋았을 무렵, 르로이 신부는 센다이의 수도원에서 돌아가셨다. 이제 곧 1주기이다. 우리들을 만나며 돌아다니던 무렵의 르로이 신부는, 몸 전체가 악성 종양의 소굴이 되어 있었다고 한다. 장례식에서 그 얘기를 들었을 때, 나는 나도 모르는 사이에 양손 집게손가락을 교차시키며 빠르게 부딪치고 있었다.

水仙月(すいせんづき)の四日(よっか)

宮沢賢治(みやざわけんじ)

雪婆(ゆきば)んご*は、遠(とお)くへ出(で)かけておりました。

猫(ねこ)のような耳(みみ)を持(も)ち、ぼやぼやした灰色(はいいろ)の髪(かみ)をした雪婆んごは、西(にし)の山脈(さんみゃく)の、縮(ちぢ)れたぎらぎらの雲(くも)をこえて、遠くへ出かけていたのです。

□ **水仙月** 수선화월 〈작가가 만들어 낸 말로 눈(雪)에서 흰 수선화를 연상한 듯하며, 수선화가 피는 시기 중 눈이 많이 내리는 작품 속의 배경에서 2월경으로 추정〉

□ **雪婆んご** 눈노파 〈일본 민화에 나오는 '설녀(雪女)'의 이미지로부터 작가가 만든 말〉

□ **出かける** 나가다, 나서다

□ **～ておる** ~아 있다 = ている (～ている에 비해 약간 방언투이며 예스러운 말로서 공손한 뜻을 지님)

□ **ぼやぼやした** 희미하게 퍼져 있는

□ **灰色** 회색, 잿빛 = ねずみいろ

□ **髪** 머리, 머리카락

□ **山脈** 산맥

□ **縮れる** 오그라지다, 작아지다

□ **ぎらぎら** 번쩍번쩍

□ **こえる** 넘다

수선화월 4일

미야자와 켄지

'눈노파'는 멀리 나가 있었습니다.

고양이 같은 귀를 갖고 희미한 회색 머리를 한 눈노파는 서쪽 산맥의 오그라진 번쩍거리는 구름을 넘어 멀리 나가 있었던 것입니다.

*** 雪婆んご**

이 작품에 등장하는 눈노파, 눈아이(雪童子), 눈이리(雪狼) 등은 작가가 만들어 낸 가공의 인물과 동물들로, 눈(雪)의 세계에서 일어나는 일이라 등장 인물에 모두 '눈'이 들어가 있다.

一人の子供が、赤い毛布にくるまって、しきりにカリメラのことを考えながら、大きな象の頭の形をした、雪丘のすそを、せかせかうちのほうへ急いでおりました。

（そら、新聞紙をとがった形に巻いて、ふうふうと吹くと、炭からまるで青火が燃える。ぼくはカリメラなべに赤砂糖をひとつまみ入れて、それからザラメをひとつまみ入れる。水を足して、あとはくつくつくつと煮るんだ。）ほんとうにもう一生懸命、子供はカリメラのことを考えながらうちのほうへ急いでいました。

お日様は、空のずうっと遠くのすき通った冷たいとこで、まばゆい白い火を、どしどしおたきなさいます。

한 아이가 빨간 담요를 뒤집어쓰고 계속해서 설탕과자를 생각하면서, 커다란 코끼리 머리 모양을 한 눈 덮힌 언덕 기슭을 황급히 집 쪽으로 서둘러 내려갔습니다.

(자, 신문지를 뾰족한 모양으로 말아 후우후우 하고 불면 숯에서 온통 파란 불꽃이 피어오른다. 나는 설탕과자 냄비에 황설탕을 약간 넣고, 그러고 나서 굵은 설탕을 조금 넣는다. 물을 더 넣고, 그 다음에는 보글보글보글 끓이는 거야.) 정말이지 더 열심히 아이는 설탕과자를 생각하면서 집 쪽으로 서두르고 있었습니다.

해님은 하늘 저 멀리 맑고 차가운 곳에서 눈부신 하얀 불꽃을 계속해서 지피고 계십니다.

- 毛布 담요 〈ケット라고 읽는 것은 외래어 ブランケット(blanket)의 준말〉
- くるまる 푹 뒤집어쓰다
- しきりに 계속해서, 끊임없이
- カリメラ 설탕과자 〈황설탕에 물을 부어 끓인 다음 소다를 넣어 부풀렸다 식혀서 굳힌 과자로 カルメラ라고도 함〉
- ～のこと ~에 관한 것
- 丘 언덕
- すそ 기슭
- せかせか 말씨 · 동작 등이 성급하여 침착하지 못한 모양, 황급히
- そら 주의를 환기시키거나 할 때 내는 말, 자
- とがる (끝이) 뾰족해지다
- 巻く 말다, 감다
- ふうふう 입김을 내는 모양, 후후
- 炭 숯 =木炭(もくたん)
- まるで 온통
- 燃える 타다, 불길이 일다, 피어오르다
- なべ 냄비
- 赤砂糖 정제하지 않은 황설탕
- ひとつまみ (손끝으로 한 번 집은 정도의) 조금, 약간
- ザラメ 굵은 설탕
- 足す 보태다, 채우다, 더 넣다
- くつくつくつと (죽같이 걸쭉한 것이 길 끓는 모양) 팔팔, 보글보글
- 煮る 끓이다, 삶다
- ずうっと 다른 것과 비교해서 차이가 많은 모양, 훨씬 〈ずっと의 힘줌말〉
- すき通る 투명하다
- まばゆい 눈부시다 =まぶしい
- どしどし 계속해서, 연달아
- たく (불을) 지피다
- お～なさいます ~하십니다 〈お+동사 ます형+なさいます 형태로 존경 표현임〉

その光(ひかり)はまっすぐに四方(しほう)に発射(はっしゃ)し、下(した)のほうに落(お)ちてきては、ひっそりした台地(だいち)の雪を、一面(いちめん)まばゆい雪花(せっか)石膏(せっこう)の板(いた)にしました。

二匹(にひき)の雪狼(ゆきおいの)が、べろべろ真(ま)っ赤(か)な舌(した)をはきながら、象の頭の形をした、雪丘の上(うえ)のほうを歩(ある)いていました。こいつらは人(ひと)の目(め)には見(み)えないのですが、いっぺん風(かぜ)にあおられると、台地の外(はず)れの雪の上から、すぐぼやぼやの雪雲(ゆきぐも)を踏(ふ)んで、空(そら)を駆(か)け回(まわ)りもするのです。

「しゅ、あんまり行(い)っていけないったら[1]。」雪狼の後(うし)ろから白熊(しろくま)の毛皮(けがわ)の三角帽子(さんかくぼうし)をあみだにかぶり、顔(かお)をりんごのように輝(かがや)かしながら、雪童子(ゆきわらす)がゆっくり歩(ある)いて来(き)ました。

□ 発射 발사
□ ひっそりした 고요한, 조용한
□ 台地 주위보다 좀 높고 평평한 땅, 대지
□ 一面 온통, 전부
□ 雪花石膏の板 설화 석고판, 흰 알맹이의 치밀한 덩어리로 되어 있는 석고판
□ 雪狼 눈이리
□ べろべろ 할짝할짝, 혀로 여러 번 핥는 모양
□ 舌をはく 혀를 내밀다
□ こいつら 이 녀석들
□ いっぺん 한 번
□ あおられる (바람에) 흔들리다, 선동당하다 〈あおる의 수동형〉
□ 外れ 바깥쪽, 변두리
□ 雪雲 눈구름
□ 駆け回り 뛰어 돌아다님
□ ~ていけない ~해서는 안 된다
□ 白熊 흰곰, 백곰
□ 毛皮 털가죽
□ 三角帽子 삼각모자
□ あみだにかぶり (모자 · 갓 등을) 뒤로 젖혀 씀 = あみだかぶり
□ 輝かす 빛내다
□ 雪童子 눈아이

그 빛은 곧장 사방으로 발사되어 아래쪽으로 떨어져서는 고요한 대지의 눈을 온통 눈부신 설화 석고판으로 만들었습니다.

두 마리의 '눈이리'가 할짝할짝 새빨간 혀를 내밀고 코끼리 머리 모양을 한 눈언덕 위쪽을 걷고 있었습니다. 이 녀석들은 사람 눈에는 보이지 않지만, 한 번 바람의 힘을 받으면 대지 바깥쪽 눈 위로부터 금방 희미하게 퍼져 있는 눈구름을 밟고 하늘을 뛰어 돌아다니기도 하는 것입니다.

"슈, 너무 가면 안 된다니까." 눈이리 뒤에서 흰곰의 털가죽으로 된 삼각 모자를 뒤로 젖혀 쓰고 얼굴을 사과처럼 빛내며 '눈아이'가 천천히 걸어왔습니다.

1　**~ったら ~니까** [활용어의 종지형, 명사+ったら]

문장 끝에 붙어 놀라움 · 초조함, 또는 짜증스런 마음으로 상대를 나무라는 뜻을 나타낸다.

私のこと、気にしないったら。나에 관한 일 신경 쓰지 말라니까.

雪狼どもは頭を振ってくるりと回り、また真っ赤な舌をはいて走りました。

「カシオピイア、

もう水仙が咲きだすぞ

おまえのガラスの水車

きっきと回せ。」

雪童子は真っ青な空を見上げて見えない星に叫びました。その空からは青光が波になってわくわくと降り、雪狼どもは、ずうっと遠くで炎のように赤い舌をべろべろはいています。

- □ **振る** 흔들다
- □ **くるりと** 휙, 핵
- □ **カシオピイア**(Cassiopeia) 카시오페이아 〈그리스 신화에 나오는 에티오피아 왕 케페우스의 비(妃)〉
- □ **咲きだす** 피기 시작하다
- □ **ガラス**(glass) 유리
- □ **水車** 물레방아 = すいしゃ
- □ **きっきと** 끼익끼익 하고
- □ **見上げる** 올려다보다
- □ **叫ぶ** 외치다, 소리지르다
- □ **青光** 파란 빛
- □ **わくわく(と)** 기쁨 · 기대 · 걱정 등으로 마음이 설레는 모양, 두근두근
- □ **降る** 내리다, 오다, 위에서 물건이 떨어지다
- □ **炎** 불꽃

눈이리들은 머리를 흔들며 휙 돌아 또 새빨간 혀를 내밀고 달렸습니다.

"카시오페이아,

이제 수선화가 피기 시작할 거야.

너의 유리 물레방아

끼익끼익 돌려라."

눈아이는 새파란 하늘을 올려다보며 보이지 않는 별에 대고 외쳤습니다. 그 하늘에서는 파란 빛이 물결을 이루며 두근두근 내려오고, 눈이리들은 저 멀리서 불꽃같이 빨간 혀를 할짝할짝 내밀고 있습니다.

「しゅ、戻(もど)れったら、しゅ。」雪童子(ゆきわらす)が跳(は)ね上(あ)がるようにしてしかりましたら、今まで雪にくっきり落(お)ちていた雪童子の影法師(かげぼうし)は、ぎらっと白い光に変(か)わり、狼(おいの)どもは耳を立てていっさんに戻って来ました。

「アンドロメダ、
あぜみの花(はな)がもう咲(さ)くぞ、
おまえのランプのアルコール、
しゅうしゅとふかせ。」

雪童子は、風のように象の形の丘に登(のぼ)りました。雪には風で貝殻(かいがら)のような型(かた)がつき、その頂(いただき)には、一本(いっぽん)の大(おお)きなくりの木(き)が、美(うつく)しい黄金色(きんいろ)の宿(やど)り木(ぎ)のまりをつけて立(た)っていました。

- □跳ね上がる 뛰어오르다
- □くっきり 선명하게, 뚜렷하게
- □影法師 (사람의) 그림자
- □ぎらっと 빛을 받아 아름답게 빛나는 모양, 반짝
- □耳を立てる 귀를 쫑긋 세우다
- □いっさんに 쏜살같이 ＝一目散(いちもくさん)に
- □アンドロメダ 안드로메다 〈그리스 신화에 나오는 에티오피아 왕 케페우스와 왕비 카시오페이아의 딸〉
- □あぜみ 마취목 〈あせび(일본 원산지의 철쭉과 상록 관목)를 가리키는 것으로 보여짐〉
- □ランプ(lamp) 램프
- □アルコール(alcohol) 알코올
- □しゅうしゅと 슈욱슈욱 하고
- □ふかす (기체, 액체 등을) 내뿜다
- □登る 오르다
- □貝殻 조개 껍데기
- □型 틀, 형, 유형
- □つく 생기다, 만들어지다, 나다
- □頂 꼭대기, 정상
- □くりの木 밤나무
- □黄金色 황금색 ＝こがねいろ
- □宿り木 겨우살이, 기생목
- □まり 공
- □つける 달다

“슈, 돌아오라니까, 슈.” 눈아이가 뛰어오를 것처럼 하며 야단쳤더니, 지금까지 눈에 선명하게 드리워져 있던 눈아이의 그림자는 반짝하고 하얀 빛으로 바뀌고 이리들은 귀를 쫑긋 세우며 쏜살같이 돌아왔습니다.

“안드로메다,

마취목 꽃이 이제 곧 필 거야.

네 램프의 알코올

슈욱슈욱 내뿜어라.”

눈아이는 바람처럼 코끼리 모양의 언덕에 올랐습니다. 눈에는 바람으로 조개 껍데기 같은 형상이 생기고, 그 꼭대기에는 한 그루의 커다란 밤나무가 아름다운 황금색의 겨우살이 공을 달고 서 있었습니다.

「とっといで。」雪童子が丘を登りながら言いますと、一匹(いっぴき)の雪狼は、主人(しゅじん)の小(ち)さな歯(は)のちらっと光(ひか)るのを見るや[2]、ゴムまりのようにいきなり木に跳ね上がって、その赤い実(み)のついた小さな枝(えだ)を、がちがちかじりました。木の上でしきりに首(くび)を曲(ま)げている雪狼の影法師は、大きく長く丘の雪に落ち、枝はとうとう青(あお)い皮(かわ)と、黄色(きいろ)の心(しん)とをちぎられて、今登って来たばかりの雪童子の足下(あしもと)に落ちました。

「ありがとう。」雪童子はそれを拾(ひろ)いながら、白(しろ)とあい色(いろ)の野原(のはら)に立っている、美しい町(まち)をはるかに眺(なが)めました。

- □ とっといで 따 와, 집어 와 〈とっておいで의 축약형〉
- □ 歯 이(빨)
- □ ちらっと 언뜻
- □ ゴムまり 고무공
- □ いきなり 느닷없이, 갑자기
- □ 実 열매
- □ 枝 가지
- □ がちがち 딱딱한 물건이 작게 부딪치며 내는 소리, 딱딱
- □ かじる 갉다
- □ とうとう 드디어, 결국, 마침내
- □ 皮 껍질, 껍데기
- □ 心 심, 심지
- □ ちぎられる 찢어지다 〈ちぎる의 수동형〉
- □ ～たばかりだ (동사 た형에 붙어 어떤 동작을 끝낸 직후임을 나타냄) 막~하다, 방금 ~하다
- □ 足下 발아래, 발밑
- □ 拾う 줍다
- □ あい色 쪽빛
- □ 野原 들판
- □ 町 마을
- □ はるかに 아득히
- □ 眺める 바라보다

“따 와!” 눈아이가 언덕을 오르며 말하자, 한 마리의 눈이리가 주인의 작은 이가 언뜻 빛나는 것을 보자마자 고무공처럼 갑자기 나무에 튀어올라 그 빨간 열매가 달린 작은 가지를 북북 갉았습니다. 나무 위에서 계속 목을 구부리고 있는 눈이리의 그림자는 크고 길게 언덕의 눈에 드리워지고, 가지는 드디어 파란 껍질과 황금색 심이 찢겨져 지금 막 올라온 눈아이의 발밑에 떨어졌습니다.

“고마워.” 눈아이는 그것을 주우면서 백색과 쪽빛의 들판에 서 있는, 아름다운 마을을 아득히 바라보았습니다.

---

2 ～や ～(하)자마자 [동사 기본형+や]

‘~와 동시에, ~하자 바로’라는 뜻으로 동작의 동시 발생을 나타낸다.

彼は手紙をもらうや、すぐ返事(へんじ)をした。그는 편지를 받자 곧 답장을 했다.

川(かわ)がきらきら光って、停車場(ていしゃば)からは、白い煙(けむり)も上(あ)がっていました。雪童子は目を丘のふもとに落(お)としました。その山(やま)すその細(ほそ)い雪道(ゆきみち)を、さっきの赤毛布(あかケット)を着(き)た子供が、いっしんに山のうちのほうへ急いでいるのでした。

「あいつは昨日(きのう)、炭のそりを押(お)して行った。砂糖(さとう)を買(か)って、自分(じぶん)だけ帰って来たな。」雪童子は笑(わら)いながら、手に持っていた宿り木の枝を、ぷいっと子供に投(な)げつけました。枝はまるで弾(たま)のようにまっすぐに飛(と)んで行って、確(たし)かに子供の目の前に落ちました。

子供はびっくりして枝を拾って、きょろきょろあちこちを見回(みまわ)しています。雪童子は笑って革(かわ)むちを一(ひと)つひゅうと鳴(な)らしました。

□きらきら 반짝반짝
□停車場 정거장
□煙 연기
□目を落とす 아래를 보다, 시선을 떨구다(돌리다)
□ふもと 산기슭
□山すそ 산기슭
□雪道 눈길
□赤毛布 빨간 담요
□着る (옷을 입듯이) 뒤집어쓰다
□いっしんに 열심히
□山のうち 산 안쪽, 산속
□そり 썰매
□押す 밀다
□手に持つ 손에 들다
□ぷいっと 휙 하고
□投げつける (세게) 내던지다, 던지다
□弾 탄환
□びっくりする 깜짝 놀라다
□きょろきょろ 두리번두리번
□見回す 둘러보다
□革むち 가죽 채찍
□ひゅうと 휙 하고
□鳴らす 울리다

강이 반짝반짝 빛나고 정거장에서는 하얀 연기도 피어오르고 있었습니다. 눈아이는 시선을 언덕 기슭으로 떨구었습니다. 그 산기슭의 좁은 눈길을 조금 전의 빨간 담요를 쓴 아이가 열심히 산 안쪽으로 서둘러 가고 있는 것이었습니다.

"저 녀석은 어제 숯 썰매를 밀며 갔어. 설탕을 사 가지고 자기만 돌아왔군." 눈아이는 웃으면서 손에 들고 있던 겨우살이 가지를 휙 하고 아이에게 내던졌습니다. 가지는 마치 탄환처럼 곧장 날아가 정확하게 아이의 눈앞에 떨어졌습니다.

아이는 깜짝 놀라 가지를 주워 두리번두리번 이쪽저쪽을 둘러보고 있습니다. 눈아이는 웃으며 가죽 채찍을 한번 휙 하고 울렸습니다.

すると、雲もなく磨(みが)き上(あ)げられたような群青(ぐんじょう)の空から、真(ま)っ白(しろ)な雪が、さぎの毛(け)のように、一面に落ちてきました。それは下の平原(へいげん)の雪や、ビール色(いろ)の日光(にっこう)、茶色(ちゃいろ)のひのきででき上(あ)がった、静(しず)かなきれいな日曜日(にちようび)を、いっそう美しくしたのです。

子供は、宿り木の枝を持って、一生懸命に歩(ある)きだしました。

けれども、そのりっぱな雪が落ちきってしまったころから、お日様はなんだか空の遠くのほうへお移(うつ)りになって、そこのお旅屋(たびや)*で、あのまばゆい白い火(ひ)を、新(あたら)しくおたきなされているようでした。

□ 磨き上げられる 잘 닦이다, 완전하게 닦이다 〈磨き上げる의 수동형〉
□ 群青 군청(색)
□ さぎ 해오라기
□ 平原 평원
□ ビール色 맥주색

□ 日光 햇빛, 햇살
□ 茶色 갈색
□ ひのき 노송나무
□ でき上がる 이루어지다, 다 되다
□ いっそう 한층 더, 더욱
□ 歩きだす 걷기 시작하다

□ なんだか 어쩐 일인지
□ 移る 옮기다
□ たく 불을 때다, 지피다, 태우다
□ ～なされる ～하시다 〈する의 높임말 = なさる〉

그러자 구름도 없이 잘 닦인 듯한 군청색 하늘에서 새하얀 눈이 해오라기 깃털처럼 그 일대에 떨어졌습니다. 그것은 아래 평원의 눈이랑 맥줏빛 햇살, 갈색 노송나무로 이루어진 조용하고 아름다운 일요일을 더한층 아름답게 만들었던 것입니다.

아이는 겨우살이 가지를 들고 열심히 걷기 시작했습니다.

하지만, 그 멋진 눈이 다 떨어져 버렸을 무렵부터 해님은 어쩐 일인지 하늘 저 멀리로 옮겨 가셔서 그곳의 임시 거처에서 그 눈부신 하얀 불꽃을 새롭게 지피고 계신 것 같았습니다.

＊ お旅屋

원래 뜻은 여관이지만, 여기서는 제례 때 신위(神位)를 모신 가마가 본궁〈本宮 : 제신(祭神)을 본디부터 모신 신사(神社)〉에서 건너와 잠시 머무는 곳을 일컫는다.

そして西北(にしきた)の方からは、少(すこ)し風が吹(ふ)いてきました。

もうよほど、空も冷たくなってきたのです。東(ひがし)の遠くの海(うみ)のほうでは、空のしかけを外(はず)したような、小さなカタッという音(おと)が聞(き)こえ、いつか真っ白な鏡(かがみ)に変わってしまったお日様の面(めん)を、何か小さなものがどんどん横切(よこぎ)っていくようです。

雪童子(ゆきわらす)は革むちをわきの下にはさみ、堅(かた)く腕(うで)を組(く)み、唇(くちびる)を結(むす)んで、その風の吹いてくるほうをじっと見ていました。狼(おいの)どもも、まっすぐに首を伸(の)ばして、しきりにそっちを望(のぞ)みました。

□ よほど 꽤, 상당히
□ しかけ 장치
□ 外す 풀다, 끄르다
□ カタッ 달각
□ 鏡 거울
□ 面 얼굴
□ どんどん 계속해서, 자꾸자꾸
□ 横切る 가로지르다
□ わき 겨드랑이
□ はさむ 끼다
□ 腕を組む 팔짱을 끼다 〈足を組む 다리를 꼬다〉
□ 唇を結ぶ 입술을 다물다
□ じっと 물끄러미
□ 伸ばす 펴다, 뻗다
□ 望む 바라보다 = 眺(なが)める

그리고 서북쪽 방향에서는 바람이 조금 불어왔습니다.

이제 상당히 하늘도 차가워진 것입니다. 동쪽의 먼 바다 쪽에서는 하늘의 장치를 푼 듯한 작은 달각 하는 소리가 들리고, 어느샌가 새하얀 거울로 바뀌어 버린 해님의 얼굴을 무언가 작은 것이 계속해서 가로질러 가는 것 같습니다.

눈아이는 가죽 채찍을 겨드랑이 아래에 끼고, 단단히 팔짱을 끼고 입술을 다물고 그 바람이 불어오는 쪽을 물끄러미 바라보고 있었습니다. 이리들도 똑바로 목을 펴고 계속해서 그쪽을 바라보았습니다.

風はだんだん強(つよ)くなり、足下の雪は、さらさらさらさらさら後ろへ流(なが)れ、まもなく向(む)こうの山脈の頂に、ぱっと白い煙のようなものが立ったと思うと、もう西(にし)の方(ほう)は、すっかり灰色(はいいろ)に暗(くら)くなりました。

雪童子の目は、 鋭(するど)く燃(も)えるように光りました。空はすっかり白くなり、風はまるで引(ひ)きさくよう、早(はや)くも乾(かわ)いた細(こま)かな雪がやって来ました。そこらはまるで灰色の雪でいっぱいです。雪だか雲(くも)だかもわからないのです。

丘の稜(かど)は、もうあっちもこっちも、みんな一度(いちど)に、きしるように切るように鳴りだしました。地平線(ちへいせん)も町(まち)も、みんな暗い煙の向こうになってしまい、雪童子の白い影(かげ)ばかり、ぼんやりまっすぐに立っています。

□ さらさら 사물이 스칠 때 나는 소리, 사락사락, 사각사각
□ まもなく 이윽고, 머지않아, 얼마 안 되어
□ 向こう 맞은편, 저편
□ ぱっと 일시에 사방으로 퍼지는 모양, 확
□ すっかり 완전히
□ 鋭い 예리하다, 날카롭다
□ 引きさく 잡아 찢다
□ 早くも 재빨리, 이미, 벌써
□ 乾く 마르다, 건조하다
□ やって来る 찾아오다
□ 稜 모서리, 여기서는 언덕에 쌓인 눈에 의해서 생긴 능선
□ きしる 삐걱거리다 = きしむ
□ 鳴りだす 울리기 시작하다
□ 地平線 지평선 ↔ 水平線(すいへいせん) 수평선
□ ぼんやり 희미하게

바람은 점차 세지고, 발아래 눈은 사락사락 사락사락 뒤로 흐르고, 얼마 안 되어 맞은편 산맥의 정상에 확 하고 하얀 연기 같은 것이 일었나 싶더니, 벌써 서쪽은 완전히 잿빛으로 어두워졌습니다.

눈아이의 시선은 예리하게 불타오르듯 빛났습니다. 하늘은 완전히 하얘지고 바람은 마치 잡아 찢듯, 벌써 메마른 싸락눈이 찾아왔습니다. 그 일대는 온통 잿빛 눈으로 가득합니다. 눈인지 구름인지도 알 수 없습니다.

언덕 능선은 이미 이쪽도 저쪽도 모두 한꺼번에 삐걱거리듯 자르듯 울리기 시작했습니다. 지평선도 마을도 모두 어두운 연기 저편이 되어 버리고, 눈아이의 하얀 그림자만 희미하게 똑바로 서 있습니다.

そのさくようなほえるような風の音の中から、

「ひゅう、何をぐずぐずしているの。さあ降らすんだよ。降らすんだよ。ひゅうひゅうひゅう、ひゅひゅう、降らすんだよ、飛ばすんだよ、何をぐずぐずしているの。こんなに忙しいのにさ。ひゅう、ひゅう、向こうからさえわざと三人連れて来たじゃないか。さあ、降らすんだよ。ひゅう。」怪しい声が聞こえてきました。

雪童子はまるで電気にかかったように飛び立ちました。雪婆んごがやって来たのです。

ぱちっ、雪童子の革むちが鳴りました。狼どもはいっぺんに跳ね上がりました。雪童子は顔色も青ざめ、唇も結ばれ、帽子も飛んでしまいました。

- さく(裂く) 찢다
- ほえる (짐승 등이) 울부짖다, 으르렁대다
- ぐずぐずする 꾸물대다
- さあ (주위를 환기시키는 말) 자
- 降らす 내리게 하다 ＝降らせる
- 飛ばす 날게 하다, 날리다
- ～さえ ~조차, ~까지
- わざと 일부러
- 連れて来る 데리고 오다
- 怪しい 이상하다, 의심스럽다
- 電気にかかる 전기에 닿다
- 飛び立つ 날아오르다, 뛰어오르다
- ぱちっ 딱
- いっぺんに 한꺼번에
- 顔色 얼굴빛, 안색
- 青ざめる (얼굴빛이 핏기를 잃어) 창백해지다
- 帽子 모자

그 찢는 듯한, 울부짖는 듯한 바람 소리 속에서,

"휴, 뭘 꾸물대고 있어? 자, 내리게 하는 거야. 내리게 하는 거란 말이야. 휴휴휴, 휴휴, 내리게 하는 거야, 날리는 거야, 뭘 꾸물대고 있어? 이렇게 바쁜데 말이야. 휴, 휴, 저쪽에서까지 일부러 세 명을 데려왔잖아? 자, 내리게 하는 거야. 휴." 이상한 소리가 들려왔습니다.

눈아이는 마치 전기에 감전된 것처럼 날아올랐습니다. 눈노파가 찾아온 것입니다.

딱, 눈아이의 가죽 채찍이 울렸습니다. 이리들은 한꺼번에 뛰어올랐습니다. 눈아이는 얼굴빛도 창백해지고 입술도 다물어지고 모자도 날아가 버렸습니다.

「ひゅう、ひゅう、さあしっかりやるんだよ。怠(なま)けちゃいけないよ。ひゅう、ひゅう。さあしっかりやっておくれ。今日(きょう)はここらは水仙月(すいせんづき)の四日(よっか)だよ。さあしっかりさ。ひゅう。」

雪婆んごの、ぼやぼや冷たい白髪(しらが)は、雪と風との中で渦(うず)になりました。どんどん駆(か)ける黒雲(くろくも)の間(あいだ)から、そのとがった耳と、ぎらぎら光る黄金(きん)の目も見えます。

□ しっかり 마음이 긴장되어 있는 모양, 똑똑히, 정신 차려서 〈しっかりしろ 정신 차려라, 기운을 내라〉
□ 怠ける 게으름피우다 ＝さぼる
□ 〜ちゃいけない ~해서는 안 된다 ＝〜てはいけない
□ 〜ておくれ ~해 줘 〈〜て(お)くれる의 명령형〉
□ ここら 이 근방
□ 渦 소용돌이
□ 駆ける 달리다
□ 黒雲 먹구름, 비구름

“휴, 휴, 자, 똑바로 하는 거야. 게으름피우면 안 돼. 휴, 휴. 자, 똑바로 해 줘. 오늘은 이 근방은 수선화월 4일이야. 자, 똑바로 하란 말이야. 휴.”

눈노파의 희미하게 퍼져 있는 차디찬 백발은 눈과 바람 속에서 소용돌이가 되었습니다. 계속 달리는 먹구름 사이로 그 뾰족한 귀와 번쩍번쩍 빛나는 금빛 눈도 보입니다.

西の方の野原から連れて来(こ)られた三人の雪童子も、みんな顔色に血(ち)の気(け)もなく、きちっと唇をかんで、お互(たが)いあいさつさえも交(か)わさずに、もう続(つづ)けざませわしく革むちを鳴(な)らし行ったり来たりしました。もうどこが丘だか雪煙(ゆきけむり)だか空だかさえもわからなかったのです。聞えるものは雪婆んごのあちこち行ったり来たりして叫(さけ)ぶ声(こえ)、お互いの革むちの音、それから今は雪の中を駆け歩く九匹(くひき)の雪狼どもの息(いき)の音ばかり、その中から雪(ゆき)童子(わらす)はふと、風に消(け)されて泣(な)いているさっきの子供の声を聞きました。

雪童子のひとみはちょっとおかしく燃えました。しばらく立(た)ち止(ど)まって考えていましたがいきなり激(はげ)しくむちを振(ふ)ってそっちへ走(はし)ったのです。

□ 血の気 핏기
□ きちっと 정확히, 깔끔히 = きちんと
□ かむ 악물다
□ お互い 서로
□ 交わす 주고받다, 나누다, 교환하다
□ ～ずに ~(하)지 않고
□ 続けざま 잇달아, 연달아
□ せわしく 빠르게, 바쁘게
□ 雪煙 눈보라
□ 息の音 숨소리
□ ふと 문득
□ 消される 사라지다, 지워지다 〈消す의 수동형〉
□ ひとみ 눈동자
□ しばらく 잠시, 잠깐
□ 立ち止まる 멈추어 서다

서쪽 들판에서 이끌려 온 세 명의 눈아이도 모두 얼굴빛에 핏기도 없고 입술을 꽉 다물고 서로 인사조차도 나누지 않고, 벌써 잇달아 빠르게 가죽 채찍을 울리며 왔다 갔다 했습니다. 이제 어디가 언덕인지 눈보라인지 하늘인지조차도 알 수 없었던 것입니다. 들리는 것은 눈노파가 여기저기 왔다 갔다 하며 외치는 소리, 서로의 가죽 채찍 소리, 그리고 지금은 눈 속을 뛰어다니는 아홉 마리 눈이리들의 숨소리뿐, 그 속에서 눈아이는 문득 바람에 사라져 울고 있는 아까 그 아이의 목소리를 들었습니다.

눈아이의 눈동자는 조금 이상하게 불타올랐습니다. 잠시 멈추어 서서 생각하고 있었습니다만 갑자기 격렬하게 채찍을 휘두르며 그쪽으로 달려갔습니다.

けれどもそれは方角(ほうがく)が違(ちが)っていたらしく雪童子(ゆきわらす)はずうっと南(みなみ)の方の黒(くろ)い松山(まつやま)にぶっつかりました。雪童子は革むちをわきにはさんで耳を澄(す)ましました。

「ひゅう、ひゅう、怠けちゃ承知(しょうち)しないよ。降らすんだよ、降らすんだよ。さあ、ひゅう。今日は水仙月の四日だよ。ひゅう、ひゅう、ひゅう、ひゅうひゅう。」

そんな激しい風や雪の声の間からすき通るような泣(な)き声(ごえ)がちらっとまた聞こえてきました。雪童子はまっすぐにそっちへ駆けて行きました。雪婆(ゆきば)んごのふり乱(みだ)した髪(かみ)が、その顔に気味悪(きみわる)くさわりました。峠(とうげ)の雪の中に、赤い毛布(ケット)をかぶったさっきの子が、風に囲(かこ)まれて、もう足(あし)を雪から抜(ぬ)けなくなってよろよろ倒(たお)れ、雪に手をついて起(お)き上(あ)がろうとして泣いていたのです。

- □ 方角 방향, 방위
- □ ~らしい ~인 듯하다
- □ 松山 소나무 산
- □ ぶっつかる 부딪치다
- □ 耳を澄ます 귀를 기울이다
- □ 承知する 용서하다
- □ すき通る 물건 사이를 통해 가다 〈風がすき通る 바람이 통하다〉
- □ 泣き声 울음소리
- □ ちらっと 언뜻
- □ ふり乱す 흐트러지다
- □ 気味悪い (어쩐지) 기분 나쁘다
- □ さわる 닿다, 접촉하다
- □ 峠 고개
- □ 囲まれる 둘러싸이다 〈囲む의 수동형〉
- □ 抜ける 뺄 수 있다 〈抜く의 가능형〉
- □ よろよろ 비틀거리는 모양, 비틀비틀, 비슬비슬
- □ 倒れる 쓰러지다, 넘어지다
- □ 手をつく 손을 짚다
- □ 起き上がる 일어나다

하지만 그것은 방향이 틀렸던 듯 눈아이는 훨씬 남쪽의 검은 소나무 산에 부딪쳤습니다. 눈아이는 가죽 채찍을 겨드랑이에 끼고 귀를 기울였습니다.

"휴! 휴! 게으름 피우면 용서 못해. 내리게 하는 거야, 내리게 하는 거야. 자, 휴! 오늘은 수선화월 4일이야. 휴, 휴, 휴, 휴휴."

그런 세찬 바람과 눈 소리 사이로 새어 나오는 듯한 울음소리가 언뜻 또 들려왔습니다. 눈아이는 곧장 그쪽으로 달려갔습니다. 눈노파의 흐트러진 머리가 그 얼굴에 기분 나쁘게 닿았습니다. 고개의 눈 속에 빨간 담요를 뒤집어쓴 아까 그 아이가 바람에 둘러싸여, 이제 발을 눈에서 뺄 수 없게 되어 비틀비틀 쓰러져 눈에 손을 짚고 일어나려고 하며 울고 있었던 것입니다.

「毛布をかぶって、うつむけになっておいで。毛布をかぶって、うつむけになっておいで。ひゅう。」雪童子は走りながら叫びました。けれどもそれは子供にはただ風の声と聞こえ、その形は目に見えなかったのです。

「うつむけに倒れておいで。ひゅう。動いちゃいけない。じきやむから毛布をかぶって倒れておいで。」雪童子は駆(か)け戻(もど)りながらまた叫びました。子供はやっぱり起き上がろうとしてもがいていました。

「倒れておいで、ひゅう、黙(だま)ってうつむけに倒れておいで、今日はそんなに寒(さむ)くないんだから凍(こご)えやしない。」

- □ かぶる 들쓰다, 뒤집어쓰다
- □ うつむけ 고개를 숙임 ↔ 仰向(あおむ)け 고개를 듦
- □ ～ておいで ~(하)고 있어 〈～ていれ의 뜻으로 흔히 손아랫사람에게 다정하게 명령할 때 씀〉
- □ 動く 움직이다
- □ じき 바로, 곧 = すぐ
- □ やむ 멎다, 그치다
- □ 駆け戻る 뛰어서 되돌아오다
- □ もがく 바둥거리다, 허우적거리다 = あがく
- □ 黙る 잠자코 있다, 침묵하다
- □ 凍え 얾, 차가워짐
- □ ～や ~는, ~은 〈회화에서 조사 ～は가 변한 말〉

"담요를 뒤집어쓰고 고개를 숙이고 있어. 담요를 뒤집어쓰고 고개를 숙이고 있어. 휴!" 눈아이는 달리면서 외쳤습니다. 하지만 그것은 아이에게는 단지 바람 소리로 들리고 그 모습은 눈에 보이지 않았던 것입니다.

"고개를 숙이고 쓰러져 있어. 휴! 움직이면 안 돼. 바로 멎을 테니 담요를 뒤집어쓰고 쓰러져 있어." 눈아이는 뛰어서 되돌아오면서 또 외쳤습니다. 아이는 역시 일어나려고 바둥거리고 있었습니다.

"쓰러져 있어, 휴! 가만히 고개를 숙이고 쓰러져 있어, 오늘은 그렇게 춥지 않으니까 얼지는 않아."

雪童子は、も一度走(はし)り抜(ぬ)けながら叫びました。子供は口をびくびく曲(ま)げて泣きながらまた起き上がろうとしました。

「倒れているんだよ。だめだねえ。」雪童子は向(む)こうからわざとひどく突(つ)き当(あ)たって子供を倒(たお)しました。

「ひゅう、もっとしっかりやっておくれ、怠けちゃいけない。さあ、ひゅう。」

雪婆んごがやって来ました。そのさけたように紫(むらさき)な口も、とがった歯(は)もぼんやり見えました。

「おや、おかしな子がいるね、そうそう、こっちへとっておしまい。水仙月の四日だもの、一人(ひとり)や二人(ふたり)とったっていいんだよ。」

- □**びくびく** 경련을 일으키듯이 실룩대는 모양, 실룩실룩
- □**走り抜ける** 달려 빠져나가다
- □**口を曲げる** 입을 비쭉이다
- □**～んだ** ~(인) 것이다 〈～のだ의 회화체, 今から始めるんだ 지금부터 시작하는 거다〉
- □**突き当たる** 부딪치다, 충돌하다
- □**倒す** 쓰러뜨리다
- □**さける** 찢어지다
- □**紫** 보랏빛
- □**おや** 뜻밖의 일에 부딪치거나 또는 의문이 생겼을 때 내는 소리, 이런, 아니, 어머나
- □**そうそう** 그래 그래
- □**とる** (집어) 옮기다, 가져오다, 집어 오다
- □**おしまい** 끝, 마침

눈아이는 다시 한번 달려서 빠져나가면서 외쳤습니다. 아이는 실룩실룩 입을 비쭉이며 울면서 또 일어나려고 했습니다.

“쓰러져 있어야 해. 안 되겠군.” 눈아이는 맞은편에서 일부러 심하게 부딪쳐 아이를 쓰러뜨렸습니다.

“휴! 좀 더 똑바로 해 줘, 게으름피우면 안 돼. 자, 휴!”

눈노파가 다가왔습니다. 그 찢어진 듯한 보랏빛 입도, 뾰족한 이도 희미하게 보였습니다.

“이런, 이상한 아이가 있네, 그래 그래, 이쪽으로 넘겨줘. 수선화월 4일인 걸 뭐, 한 명이나 두 명 넘긴다 해도 괜찮은 거야.”

「ええ、そうです。さあ、死(し)んでしまえ。」雪童子はわざとひどくぶっつかりながらまたそっと言いました。

「倒れているんだよ。動いちゃいけない。動いちゃいけないったら。」

狼(おいの)どもが駆(か)け巡(めぐ)り、黒い足は雪雲の間からちらちらちらしました。

「そうそう、それでいいよ。さあ、降らしておくれ。怠けちゃ承知しないよ。ひゅうひゅうひゅう、ひゅひゅう。」雪婆(ゆきば)んごは、また向こうへ飛んで行きました。

□ ひどい 심하다
□ そっと 조용히, 가만히
□ 駆け巡る (여기저기) 뛰어 돌아다니다 ＝駆回(かけまわ)る
□ 間 사이
□ ちらちら 사물이 보이다가 말다가 하는 모양, 아물아물, 어른어른

"네, 그렇습니다. 자, 죽어 버려." 눈아이는 일부러 심하게 부딪치며 다시 몰래 말했습니다.

"쓰러져 있어야 해. 움직이면 안 돼. 움직이면 안 된다니까."

이리들이 여기저기 뛰어 돌아다녀 검은 발이 눈구름 사이로 어른거렸습니다.

"그래 그래, 그러면 돼. 자, 내리게 해 줘. 게으름피우면 용서 못해. 휴휴휴! 휴휴!" 눈노파는 다시 건너편으로 날아갔습니다.

子供はまた起き上がろうとしました。雪童子(ゆきわらす)は笑いながら、も一度ひどく突き当たりました。もうそのころは、ぼんやり暗くなって、まだ三時(さんじ)にもならないに、日(ひ)が暮(く)れるように思(おも)われたのです。子供は力(ちから)もつきて、もう起き上がろうとしませんでした。雪童子は笑いながら、手を伸ばして、その赤い毛布(ケット)を上からすっかりかけてやりました。

「そうして眠(ねむ)っておいで。ふとんをたくさんかけてあげるから。そうすれば凍えないんだよ。あしたの朝(あさ)までカリメラの夢(ゆめ)を見(み)ておいで。」

□ も一度 다시 한번, 한번 더 = もう一度
□ そのころ 그 즈음
□ 日が暮れる 날이 저물다
□ 力がつきる 힘이 다 떨어지다, 힘이 다하다
□ 伸ばす 펴다, 뻗다 〈手足を伸ばす 팔다리를 뻗다〉
□ かける 덮다, 걸치다
□ 眠る 자다, 잠들다
□ ふとん 이불
□ ～てあげる (내가 남에게) ~해 주다
□ 夢を見る 꿈을 꾸다

아이는 또 일어나려고 했습니다. 눈아이는 웃으면서 다시 한번 심하게 부딪쳤습니다. 이미 그 즈음은 희미하게 어두워져서 아직 3시도 안 되었는데 날이 저문 것처럼 여겨졌던 것입니다. 아이는 힘도 다 떨어져서 더 이상 일어나려고 하지 않았습니다. 눈아이는 웃으면서 손을 뻗어 그 빨간 담요를 위에서 완전히 덮어 주었습니다.

"그렇게 하고 자고 있으렴! 이불을 많이 덮어 줄 테니까. 그렇게 하면 얼지 않을 거야. 내일 아침까지 설탕과자 꿈을 꾸고 있어."

雪童子(ゆきわらす)は同じとこを何(なん)べんも駆けて、雪をたくさん子供の上にかぶせました。まもなく赤い毛布(ケット)も見えなくなり、辺(あた)りとの高さも同じになってしまいました。

「あの子供は、ぼくのやった宿り木を持っていた。」雪童子はつぶやいて、ちょっと泣くようにしました。

「さあ、しっかり、今日は夜(よる)の二時(にじ)まで休(やす)みなしだよ。ここらは水仙月の四日なんだから、休んじゃいけない。さあ、降らしておくれ。ひゅう、ひゅうひゅう、ひゅひゅう。」

雪婆(ゆきば)んごはまた遠くの風の中で叫びました。

□ 何べんも 몇 번이고 = 何度(なんど)も
□ かぶせる 덮다, 씌우다
□ まもなく 얼마 안 있어, 이윽고
□ 辺り 주위
□ つぶやく 중얼거리다
□ 休み 쉼, 휴식
□ なし 없음

눈아이는 같은 곳을 몇 번이나 달려 눈을 많이 아이 위에 씌웠습니다. 이윽고 빨간 담요도 보이지 않게 되고, 주위와의 높이도 똑같게 되었습니다.

"그 아이는 내가 준 겨우살이를 가지고 있었어." 눈아이는 중얼거리며 조금 울도록 했습니다.

"자, 똑바로, 오늘은 밤 2시까지 쉬기 없기다. 이 일대는 수선화월 4일이니까 쉬어선 안 돼. 자, 내리게 해 줘, 휴! 휴휴! 휴휴!"

눈노파는 또 멀리 바람 속에서 외쳤습니다.

そして、風と雪と、ぼさぼさの灰のような雲の中で、ほんとうに日は暮れ雪は夜じゅう降って降って降ったのです。やっと夜明(よあ)けに近(ちか)いころ、雪婆んごはも一度、南から北(きた)へまっすぐにはせながら言いました。

「さあ、もうそろそろ休んでいいよ。あたしはこれからまた海のほうへ行くからね、だれもついて来(こ)ないでいいよ。ゆっくり休んでこの次(つぎ)の支度(したく)をしておいておくれ。ああまあいいあんばいだった。水仙月の四日がうまくすんで。」

その目はやみの中でおかしく青く光り、ばさばさの髪を渦巻(うずま)かせ口をびくびくしながら、東の方へ駆(か)けて行きました。

- □ ぼさぼさ 머리카락 등이 흐트러진 모양, 부스스
- □ 灰 재
- □ ～じゅう ~중, ~내내, ~동안 〈一年じゅう 일년 동안, 일년 내내〉
- □ やっと 겨우, 가까스로, 간신히
- □ 夜明け 새벽
- □ はせる 달리다
- □ そろそろ 시간이 다 되어 가는 모양, 이제 슬슬, 이제 곧
- □ あたし 나 = わたし
- □ ついて来る 따라오다
- □ 支度 준비, 채비
- □ ああ 무엇에 감탄하고 내는 소리, 아
- □ まあ 뭐, 그럭저럭, 그런대로
- □ あんばい (일의) 형편, 상태 〈いいあんばい 안성맞춤〉
- □ うまく 잘, 훌륭하게
- □ すむ(済む) 끝나다, 마치다
- □ やみ(闇) 어둠
- □ ばさばさ 머리카락 따위가 부스스한 모양, 부스스
- □ 渦巻かせる 둘둘 감아 말게 하다 〈渦巻く의 사역형〉

그리고 바람과 눈과 부스스한 재 같은 구름 속에서 정말로 해는 지고, 눈은 밤새도록 내리고 내리고 내렸던 것입니다. 겨우 새벽녘이 가까워질 무렵, 눈 노파는 다시 한번 남쪽에서 북쪽으로 곧장 달리면서 말했습니다.

"자, 이제 슬슬 쉬어도 좋아. 나는 지금부터 또 바다 쪽으로 갈 테니까 말이야. 아무도 따라오지 않아도 돼. 천천히 쉬며 이 다음 준비를 해 둬 줘. 아아, 그런대로 아주 잘 됐어. 수선화월 4일이 잘 끝나서."

그 눈은 어둠 속에서 기묘하게 파랗게 빛나고, 부스스한 머리를 소용돌이치게 하며 입을 실룩실룩거리면서 동쪽으로 달려갔습니다.

野原も丘もほっとしたようになって、雪は青白く光りました。空もいつかすっかり晴れて、ききょう色の天球には、一面の星座がまたたきました。

雪童子らは、めいめい自分の狼を連れて、初めてお互いあいさつをしました。

「ずいぶんひどかったね。」

「ああ。」

「今度はいつ会うだろう。」

「いつだろうねえ、しかし今年中に、もう二へんぐらいのもんだろう。」

「早くいっしょに北へ帰りたいね。」

「ああ。」

- □ ほっとする 한숨 놓다, 안심하다
- □ 青白い 푸르스름하다
- □ 晴れる (맑게) 개이다
- □ ききょう色 도라지색
- □ 天球 천구, 하늘
- □ 星座 별자리
- □ またたく 깜박이다 ＝まばたく
- □ めいめい 각기, 각자, 저마다 ＝おのおの
- □ ああ 긍정 · 승낙할 때에 내는 소리, 아, 응
- □ 今度 이 다음
- □ 今年中 금년 중, 올해 안
- □ 二へん 두 번

들판도 언덕도 한숨 놓은 듯이, 눈은 푸르스름하게 빛났습니다. 하늘도 어느 사이엔가 완전히 개어 도라지색 천구에는 온통 별자리가 깜박였습니다.

눈아이들은 각기 자신의 이리를 데리고 처음으로 서로 인사를 했습니다.

"아주 힘들었지?"

"응."

"이 다음에는 언제 만날까?"

"언제일까? 하지만 금년 중에 두 번 정도 더 되겠지."

"빨리 같이 북쪽으로 돌아가고 싶지?"

"응."

「さっき子供が一人死んだな。」

「大丈夫(だいじょうぶ)だよ。眠っているんだ。あしたあすこへぼく印(しるし)をつけておくから。」

「ああ、もう帰ろう。夜明けまでに向こうへ行かなくちゃ。」

「まあいいだろう。ぼくね、どうしてもわからない。あいつはカシオペーアの三(み)つ星(ぼし)*だろう。みんな青い火なんだろう。それなのに、どうして火がよく燃えれば、雪をよこすんだろう。」

「それはね、電気菓子(でんきがし)と同じだよ。そら、ぐるぐるぐる回っているだろう。ザラメがみんな、ふわふわのお菓(か)子になるねえ、だから火がよく燃えればいいんだよ。」

「ああ。」

□ ～な 자기의 주장 · 판단 따위를 상대방에게 납득시키거나 스스로 확인하는 마음을 나타냄
□ あすこ 저기, 거기, 그쪽 = あそこ
□ 印をつける 표시를 하다
□ どうしても 아무리 해도
□ カシオペーア p.140의 カシオピイア와 동일함
□ それなのに 그런데, 그런데도
□ どうして 어째서
□ よこす (이쪽으로) 보내오다, 건네 오다
□ 電気菓子 전기과자 〈솜사탕 기계로 돌려서 만들어 먹는 것과 같은 과자〉
□ ぐるぐるぐる 빙글빙글빙글
□ ふわふわ 폭신폭신함

"아까 아이가 한 명 죽었지."
"괜찮아. 자고 있는 거야. 내일 거기에 내가 표시를 해 둘 거니까."
"아아, 이제 돌아가자. 새벽까지 저쪽으로 가야 해."
"뭐, 괜찮겠지. 나는 말이야, 아무리 해도 모르겠어. 그 녀석은 카시오페이아의 삼형제별이잖아. 모두 파란 불이지. 그런데 어째서 불이 잘 타오르면 눈을 보내오는 걸까?"
"그건 말이야. 전기과자와 마찬가지야. 자, 빙글빙글빙글 돌고 있지? 굵은 설탕이 모두 폭신폭신한 과자가 되잖아. 그러니까 불이 잘 타오르면 되는 거야."
"그렇구나."

★ 三つ星

삼형제별, 오리온자리의 중앙부에 거의 일직선으로 늘어서 있는 세 개의 별로, 옛날 시각을 추정하는 기준 별로 사용되었다.

「じゃ、さよなら。」

「さよなら。」

三人の雪童子(ゆきわらす)は、九匹(くひき)の雪狼(ゆきおいの)を連れて、西の方へ帰って行きました。

まもなく東の空が黄(き)ばらのように光り、こはく色に輝(かがや)き、黄金(きん)に燃えだしました。丘も野原も新しい雪でいっぱいです。

雪狼どもは疲(つか)れてぐったり座(すわ)っています。雪童子も雪に座って笑いました。そのほおはりんごのよう、その息(いき)はゆりのように香(かお)りました。

□さよなら 안녕 = さようなら
□黄ばら 노란 장미
□こはく色 호박색
□ぐったり 축 늘어짐, 녹초가 됨
□ほお 뺨, 볼
□ゆり 백합
□香る 향기가 나다

"그럼, 안녕."

"잘 가."

세 명의 눈아이는 아홉 마리의 눈이리를 데리고 서쪽으로 돌아갔습니다.

얼마 지나지 않아 동쪽 하늘이 노란 장미처럼 빛나고, 호박색으로 반짝이며, 금빛으로 타오르기 시작했습니다. 언덕도 들판도 새로운 눈으로 가득합니다.

눈이리들은 지쳐 축 늘어져 앉아 있습니다. 눈아이도 눈에 앉아 웃었습니다. 그 뺨은 사과처럼, 그 숨결은 백합처럼 향기가 났습니다.

ぎらぎらのお日様がお昇(のぼ)りになりました。今朝(けさ)は青(あお)みがかっていっそうりっぱです。日光は桃色(ももいろ)にいっぱいに流れました。雪狼は起き上がって大きく口をあき、その口からは青い炎がゆらゆらと燃えました。

「さあ、おまえたちはぼくについておいで。夜(よる)が明(あ)けたから、あの子供を起(おこ)こさなきゃあいけない。」

雪童子は走って、あの昨日の子供のうずまっているところへ行きました。

「さあ、ここらの雪を散(ち)らしておくれ。」

雪狼どもは、たちまち後足(あとあし)で、そこらの雪をけたてました。風がそれを煙のように飛(と)ばしました。

- □ 昇る (해, 달이) 떠오르다, 뜨다 ↔おちる・しずむ 가라앉다
- □ 今朝 오늘 아침
- □ 青み 푸름, 푸른빛
- □ ~がかる (빛깔을 나타내는 말에 붙어) ~의 빛을 띠다
- □ 桃色 복숭아 빛, 분홍색
- □ 口をあく 입을 벌리다
- □ ゆらゆら 흔들흔들
- □ 夜が明ける 날이 새다, 밝(아지)다
- □ 起こす 일으키다, 깨우다
- □ うずまる (다른 물건 속에) 파묻히다
- □ 散らす 날리다, 흩뜨리다
- □ たちまち 순식간에, 금세
- □ 後足 뒷발
- □ けたてる 힘차게 차다, 차대다

짱짱 해님이 떠오르셨습니다. 오늘 아침은 푸르스름하니 한층 멋있습니다. 햇빛은 복숭아 빛으로 가득 흘렀습니다. 눈이리는 일어나 크게 입을 벌렸고, 그 입에서는 파란 불꽃이 하늘하늘 타올랐습니다.

"자, 너희들은 나를 따라와. 날이 밝았으니 그 아이를 깨워야 해."

눈아이는 뛰어서 어제의 그 아이가 묻혀 있는 곳으로 갔습니다.

"자, 이 근처의 눈을 흩뜨려 줘."

눈이리들은 순식간에 뒷발로 그 근방의 눈을 힘차게 차댔습니다. 바람이 그것을 연기처럼 날려 보냈습니다

かんじきをはき毛皮を着た人が、村(むら)のほうから急いでやって来ました。

「もういいよ。」雪童子は子供の赤い毛布(ケット)のはじが、ちらっと雪から出たのを見て叫びました。

「お父(とう)さんが来たよ。もう目をお覚(さ)まし。」雪童子は後ろの丘に駆(か)け上(あ)がって一本の雪煙を立(た)てながら叫びました。子供はちらっと動いたようでした。そして毛皮の人は一生懸命走って来ました。

□ **かんじき** 설피, 눈 속에 발이 빠지거나 미끄러지거나 하지 않게 신에 덧대는 것

□ **はじ** 끝, 끄트머리

□ **目を覚ます** 잠을 깨다

□ **駆け上がる** 뛰어 올라가다

□ **立てる** 일으키다, 일게 하다

〈砂煙を立てる 모래 바람을 일으키다〉

설피를 신고 털가죽 옷을 입은 사람이 마을 쪽에서 서둘러 다가왔습니다.

“이제 됐어.” 눈아이는 아이의 빨간 담요 끝자락이 언뜻 눈에서 나온 것을 보고 외쳤습니다.

“아빠가 왔어. 이제 잠을 깨!” 눈아이는 뒤편 언덕으로 달려 올라가 한줄기 눈보라를 일으키며 외쳤습니다. 아이는 언뜻 움직인 것 같았습니다. 그리고 털가죽 옷을 입은 사람은 열심히 뛰어왔습니다.

著作者

俵万智(歌人)	私の好きな春の言葉　내가 좋아하는 봄의 말
竹内好(중국문학자, 평론가)	故郷　고향
井上ひさし(소설가, 극작가)	握手　악수
宮沢賢治(시인, 동화 작가)	水仙月の四日　수선화월 4일

다락원 일한 대역문고 – 중급3
일본중학교 교과서선(上)
日本の中学校の教科書選(上)

지은이 俵万智, 竹内好, 井上ひさし, 宮沢賢治
역　주 최재철, 조주희
펴낸이 정규도
펴낸곳 (주)다락원

초판 1쇄 발행 2007년 1월 5일
초판 7쇄 발행 2025년 2월 28일

책임편집 이경숙, 김윤희
외주교정 안혜선
디자인 서해숙
일러스트 윈일러스트

경기도 파주시 문발로 211
Tel: (02)736-2031 Fax: (02)732-2037
(내용문의: 내선 460~465 / 구입문의: 내선 250~252)
출판등록 1977년 9월 16일 제406-2008-000007호

ISBN 978-89-5995-309-7 18730　978-89-5995-296-0(set)

www.darakwon.co.kr
다락원 홈페이지를 통해 인터넷 주문을 하시면 자세한 어학 정보와 함께 다양한 혜택을 받으실 수 있습니다.